우리 신화 속
신비한 전설의 동물을 찾아서

**한국
환상 동물
도감**

우리 신화 속 신비한 전설의 동물을 찾아서

한국
환상 동물
도감

봄나무
Bomnamu Publishers, Inc.

작가의 말

신비한 환상 동물의 세계로 함께 떠나요!

어릴 때 저는 동물이 그려진 책을 많이 읽곤 했습니다. 책에서 동물들이 펼치는 이야기들은 아주 흥미진진했거든요. 이야기에서 만난 동물들은 다양한 모습과 특징을 보여 주었습니다.

세계 곳곳에서 살아가는 야생 동물. 사람처럼 말하는 동물 캐릭터. 지금은 만날 수 없는 멸종 동물. 실제로 있을지 모르는 우주 저편의 외계 동물까지.

이런 동물들은 시간과 공간을 가리지 않고 상상과 현실을 넘나들며 생생하게 살아 있었습니다.

제가 가장 관심 있게 본 동물은 '신화에 나오는 환상 동물'이었습니다.
한계를 넘어선 능력을 펼치는 신비한 환상 동물을 보면서 문득 이런 생각이 들었습니다.
'환상 동물이 정말 있다면 어떨까?'
'지금 환상 동물을 다시 찾아 나선다면?'
환상 동물을 찾아 나서기 전에 먼저 그들을 잘 알아야겠다는 생각도 들었습니다. 그렇게 각종 자료와 그림을 모은 끝에 나온 책이 바로 《한국 환상 동물 도감》입니다.

제가 만난 환상 동물들은 저마다 개성이 있었습니다. 어떤 동물은 행운을, 어떤 동물은 불운을 가져다주었지요. 이 책을 통해 여러분이 다양한 매력을 뽐내는 환상 동물을 만날 때 꼭 기억해 줬으면 하는 한 가지가 있습니다. 환상 동물들의 독특한 상징은 재미있게 읽되, 실제 동물과 이어서 생각하지는 말라는 점입니다. 이를테면 까마귀의 상징인 '죽음'이라는 부정적인 면을 실제 까마귀와 연결해 미워하지는 말자는 이야기랍니다. 살아 있는 모든 동물은 선과 악으로 판단할 수 없는 소중한 생명이니까요.

이 책에 나오는 환상 동물들은 옛 기록들과 자료들을 참고해 상상력을 더하여 그렸습니다. 책 속 환상 동물들의 이미지는 정답이 아니에요. 여러분이 하는 상상에 따라 얼마든지 다른 모습이 될 수 있답니다. 사람에 따라 다른 모습으로 다가오는 점이 환상 동물의 매력이니까요. 이 책을 통해 신비로운 환상 동물의 다채로운 모습을 마음껏 즐겨 주셨으면 좋겠습니다.

이곤 드림

차례

- 작가의 말 004
- 환상 동물을 찾아서 010
- 탐정 B를 소개합니다 012

1 상서로운 동물

태평대를 알리는 고귀한 새
봉황 016

남쪽을 지키는 사신
주작 020

북쪽을 지키는 사신
현무 024

서쪽을 지키는 사신
백호 028

어진 성품을 지닌
기린 032

만물의 뜻을 깨우친
백택 036

탐정 B의 환상 동물 메모 040

2 재앙을 막고 복을 부르는 동물

불을 막고 정의를 지키는
해태 044

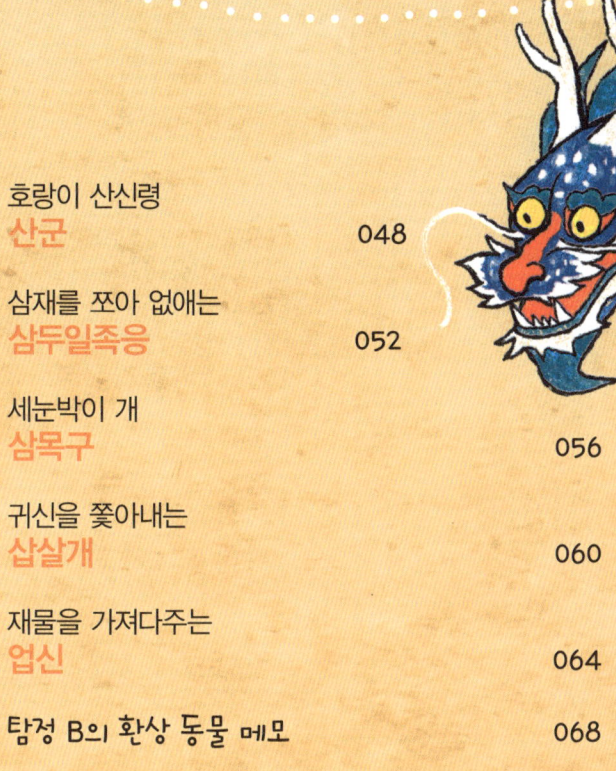

호랑이 산신령
산군   048

삼재를 쪼아 없애는
삼두일족응   052

세눈박이 개
삼목구   056

귀신을 쫓아내는
삽살개   060

재물을 가져다주는
업신   064

탐정 B의 환상 동물 메모   068

3 용 그리고 용을 꿈꾸는 동물

하늘과 물을 다스리는
용   072

용이 되고 싶은
이무기   076

양반을 잡아먹는 이무기
영노   080

폭포를 뛰어오르는
어변성룡   084

바람처럼 달리는 영웅의 말
용마   088

탐정 B의 환상 동물 메모   092

4 하늘과 땅을 연결하는 동물

태양의 새
삼족오 096

밝은 아침을 부르는
금계 100

하늘과 땅을 오가는
천마 104

신선과 노니는
백록 108

무덤을 지키는
진묘수 112

저승의 길잡이
저승견 116

신의 뜻을 전하는
신구 120

탐정 B의 환상 동물 메모 124

5 해로운 동물

호랑이에 붙은 귀신
창귀 128

꼬리 아홉 달린 여우
구미호 132

사람으로 변하는
둔갑쥐 136

사람을 잡아먹는 새
주둥이닷발꽁지닷발 140

호랑이만큼 무서운
호문조   144

탐정 B의 환상 동물 메모   148

6 특이한 동물

쇠를 먹는 괴물
불가사리   152

불로불사약을 만드는
달토끼   156

하늘과 땅을 이어 주는
인면조   160

둘이서 하나
비익조   164

칼날 같은 지느러미를 지닌
금혈어   168

아픈 이를 고쳐 주는
묘두사   172

탐정 B의 환상 동물 메모   176

- 환상의 모험에 초대합니다   178
- 환상 동물 찾아보기   182
- 참고 자료 출처   183

환상 동물을 찾아서

옛날, 악귀들이 날뛰던 암흑의 시대에 '신룡'이라는 퇴마사가 있었어요.

퇴마사 신룡은 사람을 해치는 악귀를 없애거나 불가사의한 사건을 해결하며 다양한 환상 동물을 만났습니다.

그는 악귀를 쫓고 복을 불러오는 환상 동물과 위험한 환상 동물을 널리 알려 사람들에게 도움을 주려고 책을 남겼어요. 그 책이 바로 《한국 환상 동물 도감》입니다.

이 《한국 환상 동물 도감》은
오늘날까지 전해지고 있어요.
여러분에게 지금 이 이야기를 들려준
나는 퇴마사 신룡의 후손 백호예요.
신룡은 저의 조상 할머니랍니다.
신룡 이후,
우리 집안은 대대로 환상 동물을
기록하는 일을 이어 왔어요.

그리고 얼마 전,
할머니에게
《한국 환상 동물 도감》을
받았어요.

《한국 환상 동물 도감》을 본 나는
환상 동물을 찾아다니는
탐정이 되어서 소개되지 않은
환상 동물들을 더 조사해 넣기로 했어요.

할머니도, 할머니의 할머니도,
할머니의 할머니의 할머니도 환상 동물을
본 적이 있다고 말씀하셨어요.
여러분도 환상 동물을 찾아다니다 보면
분명히 만날 수 있을 거예요.

그럼 지금부터
환상 동물을 찾아서 함께
모험을 떠나 볼까요?

탐정 B를 소개합니다

- **이름** : 백호
- **성별** : 여
- **직업** : 평일에는 학생, 주말에는 환상 동물 탐정
- **하는 일** : 환상 동물을 찾아 기록하기
- **존경하는 인물** : 조상 할머니 신룡
- **좋아하는 동물** : 호랑이

숲속에서 환상 동물을 찾다 머리카락이 나뭇가지에 걸린 뒤 항상 짧은 머리를 유지하고 있다.

화학 물질에 약한 환상 동물도 있으니 화장은 금지!

환상 동물을 자극하지 않는 무채색 옷

커다란 배낭을 메고도 뛰어다닐 수 있는 체력은 필수!

산에 오를 수 있을 만큼 튼튼하고 편한 신발

- **취미** : 환상 동물 상상하기
- **특기** : 수영·등산·마라톤
- **하고 싶은 일** : 용에 올라타 하늘 날아다니기
- **싫어하는 것** : 모기

환상 동물 관찰 준비 완료!

12 한국 환상 동물 도감

배낭 속 구경하기

카메라

환상 동물이나 그 흔적을 발견하면 사진으로 찍어서 기록해요.

망원경

너무 가까이 다가가면 환상 동물이 놀라서 도망갈지도 몰라요. 망원경으로 멀리서 관찰합니다.

노트 / 펜

사진에 찍히지 않는 환상 동물도 있어요. 그럴 때는 노트에 그림을 그리고 특징을 잘 적어 둡니다.

물병

틈틈이 물을 마셔서 수분을 보충해요.

《한국 환상 동물 도감》을 보고 동물의 특징을 파악합니다.

호랑이 부적

환상 동물 중에는 악한 기운을 가진 동물들도 있어요. 이런 위험에 대비하여 악귀를 쫓는 호랑이 부적을 가지고 다녀야 해요. 부적은 연습장에 색연필로 직접 그렸어요.

초콜릿 바

몸이 지쳤을 때 먹는 초콜릿 바입니다.

연고 / 밴드

넘어지거나 벌레에 물렸을 때 바를 비상 연고와 밴드를 준비해요.

| 봉황 | | 주작 |

1

상서로운 동물

예부터 상서로운 동물들은 신의 사자나 수호신으로 사람들에게 모습을 드러냈어요.
새·사자·호랑이·거북 등 여러 모습을 한 상서로운 동물들이 사람들에게 어떤 기쁨과 복을 전해 주었는지 살펴볼까요?

태평성대를 알리는 고귀한 새

봉황

봉황은 실제로 보기는 어렵지만 그 흔적을 곳곳에서 발견할 수 있어요. 우리나라 대통령을 상징하는 문양으로, 대통령의 집무실이나 깃발 무늬에 사용됩니다. 또 좋은 일이나 기쁜 일을 기념하는 곳에 봉황이 등장하고 있어요. 봉황은 예나 지금이나 시대와 신분에 관계없이 누구나 좋아하는 환상 동물이랍니다.

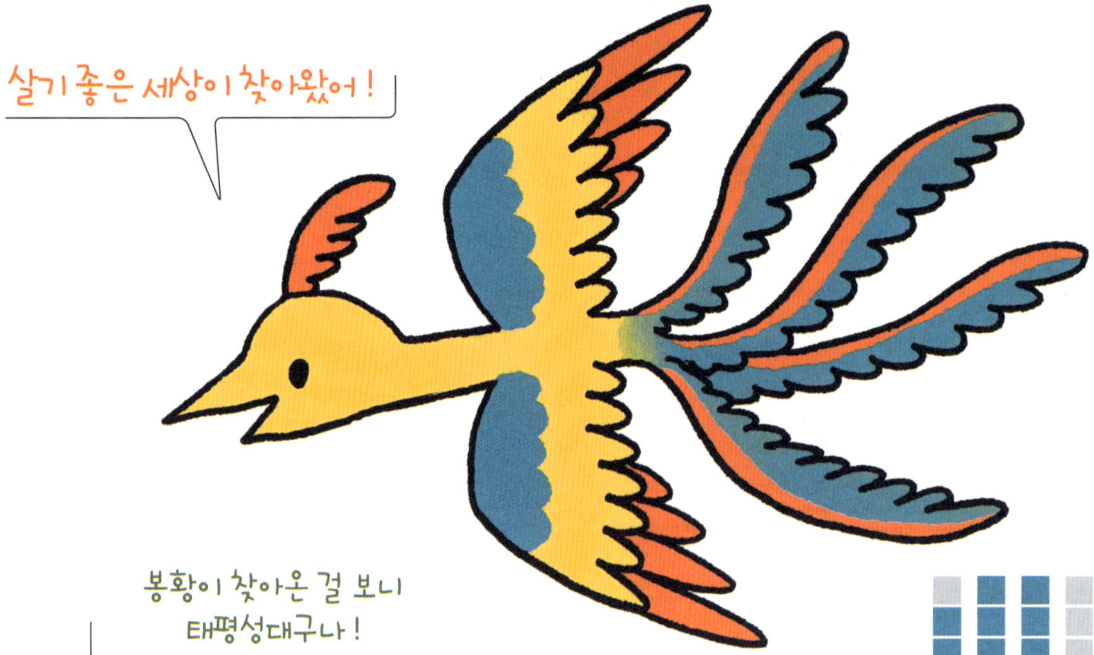

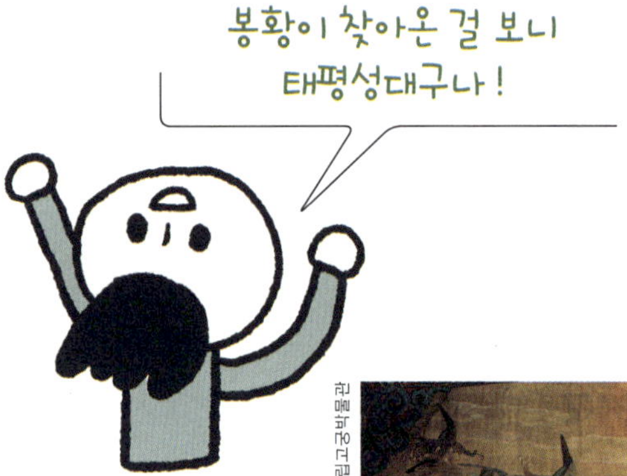

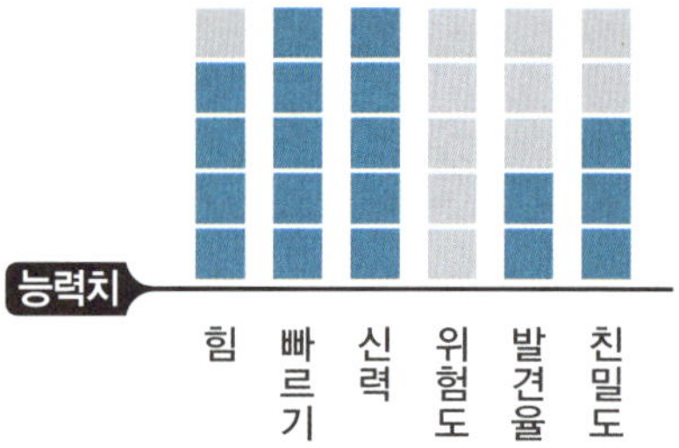

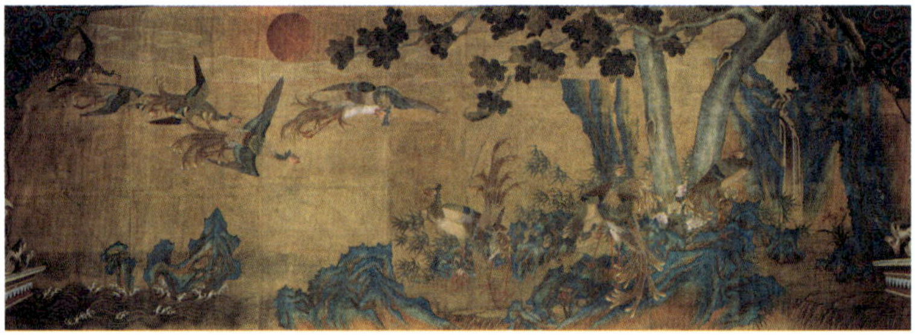

창덕궁 대조전의 동쪽 벽에 있던 봉황도

봉황

'봉鳳'은 수컷을, '황凰'은 암컷을 이르는 말이에요. 이를 합쳐 '봉황鳳凰'이라고 해요. 봉황은 앞에는 기러기, 뒤에는 기린, 뱀의 목, 물고기의 꼬리, 황새의 이마, 원앙새의 깃, 용의 무늬, 호랑이의 등, 제비의 턱, 닭의 부리 등 동물의 좋은 부분을 합쳐 놓은 모습을 하고 있어요. 이 상서로운 새는 몸 전체에 오색五色을 띠고 있습니다. 태평성대太平聖代를 상징해서 평화로운 곳에 날아가 살기 좋은 세상임을 알려요. 옛사람들은 궁궐 곳곳을 봉황으로 장식하며 살기 좋은 나라가 되길 바랐어요.

품위를 지키는 새 봉황은 무슨 일이 있어도 '품위'를 지킨답니다. 천리를 날아 지친 상태에서도 아무 자리에 내려앉지 않고 오직 오동나무에만 내려앉아요. 배가 고프더라도 남의 먹이를 탐내지 않고 대나무 열매만 먹습니다.

다정한 부부의 상징 봉황은 볏이 있으면 수컷인 봉鳳, 볏이 없으면 암컷인 황凰으로 구별할 수 있어요. 부부 사이가 좋아서 새끼를 아홉 마리나 낳아요. 옛사람들은 봉황처럼 사이좋게 지내라는 뜻에서 신혼부부의 베개에 봉황 가족을 수놓기도 했어요.

봉이 김선달 이름의 유래 봉이 김선달은 조선 후기의 풍자 설화에 나오는 인물이에요. 봉황과 관련 있는 그의 이름에 어떤 사연이 있는지 들어보세요. 어느 날, 김선달은 닭 장수에게 이 닭이 '봉鳳'이냐고 물었어요. 닭 장수는 '봉'이라 속이고 가격을 열 배로 부풀렸지요. 김선달은 비싸게 산 닭을 봉이라고 하며 원님에게 바쳤답니다. 화가 난 원님이 벌하려 하자 김선달은 닭 장수에게 속았다며 원통해했어요. 원님은 닭 장수를 잡아와 닭 값의 열 배를 김선달에게 돌려주라고 했어요. 이렇게 봉鳳으로 이득을 얻었다고 해서 그를 '봉이 김선달'로 부른답니다.

관련 동물 닭

봉황은 닭과 외모와 습성이 비슷해요. 닭과 비슷하게 그려진 봉황 그림도 있고 닭처럼 아침 해를 보고 운다는 말도 전해져요. 봉이 김선달의 일화만 해도 닭과 봉황이 관련 있다는 사실을 알 수 있어요. 하지만 닭과 착각한다면 봉황은 자존심을 상해할지도 몰라요. 품위 있는 동물이니 크게 화내지 않겠지만 상서로운 봉황의 기분을 거슬러서 좋을 것은 없겠죠?

남쪽을 지키는 사신

주작

동서남북 네 방향을 맡아 우주의 질서를 지키는 신령을 '사신四神'이라고 해요. 동쪽은 청룡, 서쪽은 백호, 남쪽은 주작, 북쪽은 현무가 지키고 있어요. 사신에서 가장 먼저 살펴볼 주작은 힘이 넘치는 붉은 새입니다.

주작

붉은 새 주작朱雀은 '남쪽·붉은색·불火·여름'을 상징해요. 남쪽을 지키며 나쁜 기운을 막아 줍니다. 주로 날개를 활짝 편 모습으로 나타나요. 위풍당당하면서도 아주 힘이 넘치는 모습이지요. 봉황과 주작은 둘 다 상서로운 새라는 공통점이 있지만 이 둘은 색깔로 구별할 수 있어요. 봉황은 화려한 오색 빛깔을 띠지만 주작은 전체적으로 붉은색을 띱니다.

네 방향을 지키는 사신 옛사람들은 밤하늘의 별자리를 보고 우주의 각 방향을 지키는 환상 동물을 상상했어요. 동쪽에는 청룡, 서쪽에는 백호, 남쪽에는 주작, 북쪽에는 현무가 우주의 질서를 지켜 준다고 믿었지요. 이 사신들은 고구려의 고분 벽화에서 찾아볼 수 있어요. 옛날 고구려 사람들은 무덤의 사방에 사신들을 그려서 무덤 주인을 지켜 주기 바랐던 거예요.

환상 동물 더하기 피닉스

피닉스Phoenix는 죽지 않는 새 '불사조不死鳥'라고도 해요. 때가 오면 피닉스는 준비된 제단으로 날아가 몸에 불을 붙여 타올라요. 다 타고 남은 재에서 나오는 작은 벌레 한 마리가 자라서 피닉스가 돼요. 죽고 부활하기를 거듭하며 영원히 살아갑니다. 피닉스는 진홍색 몸과 금색 머리, 장미색과 파란색 꼬리를 갖춘 화려한 모습이에요. 불을 상징하는 주작과 피닉스를 혼동할 수 있지만 이 둘은 다른 동물이에요. 피닉스는 죽음과 부활을 반복하며 영원히 살지만 주작은 죽지 않고 오래도록 살아갑니다. 주작은 동양에서, 피닉스는 아라비아와 이집트에서 주로 모습을 보이고 있어요.

상서로운 동물 23

북쪽을 지키는 사신 현무

현무는 청룡·백호·주작과 함께 동서남북을 지키는 사신이에요. 뱀이 검은 거북을 휘감고 있는 모습의 현무를 실제로 만난다면 무섭게 느껴질지도 몰라요. 하지만 겉모습만 보고 무서워하지 마세요. 현무는 정말 멋진 수호신이니까요. 지금도 굳센 모습으로 북쪽을 든든하게 지켜 주고 있답니다.

현무

　현무玄武의 현玄은 "검다.",무武는 '무사, 무기'를 뜻해요. 갑옷처럼 딱딱한 거북의 등껍질, 뱀의 날카로운 이빨이 조화를 이룬 모습과 잘 어울리는 용맹한 이름이지요. 현무는 뱀과 거북이 한 몸을 이루고 있어요. 뱀이 거북을 휘감고 있는 모습으로 그려집니다. 북쪽을 지키는 사신 현무는 '북쪽·검은색·물水·겨울'을 상징해요.

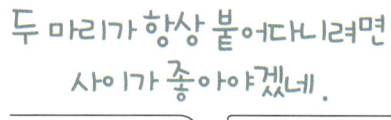

현무가 사랑의 신? 현무는 암컷과 수컷이 한 몸에 있어요. 거북이 암컷, 뱀이 수컷이에요. 이렇게 암수가 함께 있어 현무를 '사랑의 신'으로 여기기도 했습니다. 거북과 뱀의 머리가 둘이니 생각이 엇갈릴 때도 있지 않을까요? 거북은 물속으로 들어가려 하고 뱀은 산 위로 가고 싶어 할 때처럼 말이에요. 현무는 이럴 때 서로를 배려하며 같은 길로 함께 걸어갑니다.

강서대묘의 널방에 있는 현무도

관련 동물 장수거북

우리나라에 살고 있는 거북은 '바다거북·장수거북·남생이·자라' 이렇게 네 종이 알려져 있어요. 현무는 거북류에서 가장 큰 장수거북과 닮았어요. 장수거북은 등껍질의 길이가 250cm에 달하고 몸 전체가 검은색이에요. 장군이 입는 딱딱한 갑옷 같은 등껍질 덕분에 '장수將帥거북'이라고 불러요. 현무와 장수거북은 '발'에서 차이점을 찾을 수 있어요. 장수거북은 바다에서 헤엄치기에 좋은 발이, 현무는 땅을 기어다니기에 좋은 발이 있습니다. 더 큰 차이점이라면 장수거북은 뱀을 두르고 다니지 않는다는 점이에요.

상서로운 동물

서쪽을 지키는 사신 백호

동물들은 대부분 다양한 색깔을 띠고 있어요. 사슴이나 호랑이, 여우와 소 등을 생각해 보니 정말 그렇죠? 흔하게 보이는 색깔의 동물들보다 흰색 동물은 더 신기하고 특별한 동물로 보여요. 예부터 사람들은 흰색 동물에게 신비로운 기운이 있다고 믿었습니다. 상서로운 흰색 동물 가운데에서도 가장 강한 '백호'를 지금부터 살펴볼까요?

백호

호랑이는 나이를 먹으면서 변화를 겪어요. 오백 살이 되면 털빛이 희어지고 천 살이 되면 신성한 힘을 가진 백호가 됩니다. 백호는 서쪽을 지키는 사신이에요. 악귀를 막아 주며 '서쪽·흰색·쇠金·가을'을 상징한답니다. 아주 먼 옛날, 백호가 처음 등장했을 때는 용과 비슷하게 생겼다고 해요. 시간이 흐르면서 점점 호랑이에 가까운 모습으로 바뀌었어요.

신성한 불꽃무늬 화염문 옛사람들이 남긴 백호 그림에는 백호의 다리 주변에 불꽃무늬가 그려져 있어요. 뿔 같기도 하고 날개 같기도 한 이 불꽃무늬는 '화염문火焰紋'이에요. 백호 주변에 불꽃을 더해 신성함을 표현한 거예요. 화염문은 환상 동물 가운데에서도 특별히 신성한 동물에게만 나타난답니다. 이 뒤에 소개할 다른 환상 동물들에서도 화염문을 찾아볼 수 있어요.

좌청룡 우백호의 기원 '좌청룡左靑龍 우백호右白虎'라는 말을 들어본 적 있나요? '왼쪽에는 청룡, 오른쪽에는 백호'라는 뜻이에요. 이 말은 풍수지리에서 좋은 터를 보고 쓰는 말이랍니다. 리더와 그를 돕는 든든한 사람들을 말할 때 비유로 자주 쓰이고 있어요. 왼쪽에 청룡, 오른쪽에 백호를 두고 함께 가면 세상에 무서울 게 없어요.

← 화염문

↑ 용같이 길쭉하던 옛날 백호의 모습

우백호 좌청룡

환상 동물 더하기 **비호**

아주 강한 호랑이에게 날개까지 달리면 천하무적이겠지요? 날개 달린 호랑이 비호飛虎는 굉장히 빠르게 날아다니는 동물이에요. 그래서 용감하고 날쌘 사람을 두고 "비호같다."라는 표현을 쓰기도 해요.

상서로운 동물 31

어진 성품을 지닌 기린

기린 하면 목이 긴 동물이 떠오르지 않나요? '목이 긴 기린'보다 더 먼저 조상들에게 알려졌던 '기린'이 있습니다. 바로 환상 동물 '기린麒麟'이에요. 환상 동물 기린은 목이 긴 기린과 전혀 다른 동물이에요. 어떤 동물인지 지금부터 함께 살펴볼까요?

고려 시대의 청자기린장식향로

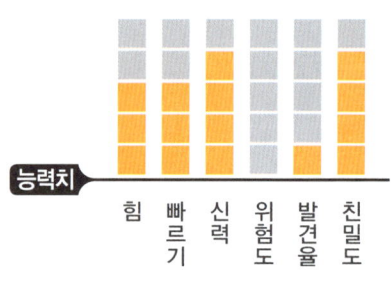

기린

기(수컷)　리(암컷)

　붉은색을 띠는 기린의 뿔 끝부분은 다른 동물이 다치지 않게 부드러운 살로 덮여 있어요. 벌레나 풀조차 밟지 않는 기린의 어진 성품이 돋보이는 부분이에요. 궁중에서는 기린처럼 백성을 어질게 다스리고 태평성대를 이루라는 바람을 담아 기린 문양을 썼어요. 기린은 재주가 뛰어난 이들을 말할 때도 쓰여요. 이들을 '기린아麒麟兒'라고 부르거든요. 이는 "기린의 뛰어난 성품을 닮았다."라는 뜻이기도 하고 '기린이 나타날 만큼 뛰어난 이'라는 뜻이기도 해요.

34 한국 환상 동물 도감

신선의 탈것 사람이 도를 깨우치면 신선이 돼요. 신선은 늙지도 죽지도 않고 천계에서 걱정 없이 살아가요. 기린은 신선을 태우고 천계와 지상 세계를 오갑니다. 여신선 마고가 땅으로 내려올 때 이 기린을 타고 왔다고 해요.

'기린' 이름은 내가 먼저야!

평범한 동물 기린 목이 긴 기린Giraffe은 환상 동물 기린보다 더 나중에 알려졌습니다. 중국 명나라 때 아프리카까지 배를 타고 다녀온 정화 장군이 황제에게 기린을 바쳤어요. 기린이 다른 생물을 해치지 않는 환상의 기린을 닮아서 같은 이름을 쓰게 되었습니다. 우리나라는 기린과 환상 동물 기린을 같은 이름으로 불러요. 중국에서는 기린을 목이 긴 사슴 '장경록'이라고 부르며 환상 동물 기린과 구별하고 있어요.

환상 동물 더하기 유니콘

'일각수—角獸'라는 말을 들어본 적 있나요? 일각수는 '뿔이 하나 있는 동물'이라는 뜻이에요. 동양의 일각수가 기린이라면 서양의 일각수는 '유니콘Unicorn'이에요. 유니콘은 뿔이 하나 있는 새하얀 말로 묘사돼요. 또 뾰족한 뿔로 다른 동물에게 치명적인 상처를 입힐 수 있습니다. 유니콘 뿔에는 사악한 힘을 막고 병을 고치는 힘이 있어요. 이 뿔을 얻으려고 유니콘을 잡으려는 사람들도 많아요. 하지만 경계심이 많고 빠르게 도망가서 쉽게 잡히지 않아요.

만물의 뜻을 깨우친 백택

백택은 다른 환상 동물과 달리 조금 낯선 동물이지요? 이름만 들었을 때 어떤 동물인지 잘 모를 수도 있어요. 백택은 사자를 닮은 아주 똑똑한 동물입니다. 사람과 대화할 수 있으니 우연히 만난다면 말을 걸어 보세요. 점잖은 태도로 대답해 줄 거예요. 또 모르는 것이 없어서 무엇이든 물어보면 도움을 받을 수 있어요.

백택

　백택의 백白은 '흰색', 택澤은 '연못', 또는 '덕德'을 뜻해요. 푸른색이나 흰색으로 그려지는 백택은 사자를 닮은 갈기와 푸른 비늘이 있어요. 눈이 여덟 개나 있다는 기록도 있지만 우리나라 그림에서는 눈이 두 개로 나타납니다. 이처럼 환상 동물은 상상에 따라 다른 모습을 보이기도 합니다.

　먼 옛날, 중국 전설의 군주인 황제가 환산桓山 근처의 해안가에서 우연히 백택을 만났다는 기록이 있어요. 이 기록으로 보아 백택은 바다 근처에서 사는 듯해요. 하지만 물갈퀴처럼 물속에서 살기에 알맞은 특징이 없어서 물속에 살지는 않았나 봐요.

지혜와 덕의 상징 백택은 만물의 뜻을 아는 지혜로운 동물이에요. 사람과 이야기할 수도 있어요. 또 덕이 있는 임금이 나라를 잘 다스려 평화로운 시대가 올 때 나타나기도 합니다. 왕실에서는 태평성대가 오길 바라며 백택 문양을 사용했어요. 백택 문양은 왕실 사람의 옷이나 중요한 국가 행사의 깃발에서만 쓸 수 있었어요.

가장 오래된 요괴 도감 《백택도》는 가장 오래된 요괴 도감이에요. 중국의 황제가 우연히 만난 백택에게 이 세상의 요괴에 대해 물었어요. 그러자 백택은 무려 11,520종이나 말해 줬어요. 황제는 이를 받아 적고 그림을 그려 《백택도》를 만들었습니다. 《백택도》에는 사람들에게 요괴의 특징과 대처법을 알려 피해를 줄이려는 바람이 담겨 있어요. 아쉽게도 오늘날까지 전해지고 있지는 않아요.

환상 동물 더하기 시무르그

고대 이란 신화에 등장하는 새, 시무르그Sīmurgh는 백택처럼 지혜로운 동물이에요. 코끼리를 들 수 있을 만큼 커다랗고 개의 머리와 커다란 날개, 공작의 꼬리가 있습니다. 이 동물도 사람과 말할 수 있고 아는 것이 정말 많아요. 그 지혜로움으로 페르시아 왕족을 도왔던 시무르그는 병을 낫게 하는 능력도 있어요.

탐정 B의 환상 동물 메모

태평성대를 알리는 고귀한 새 — **봉황**

- 태평성대를 이루는 곳으로 날아가 살기 좋은 세상임을 알린다.
- 오동나무에만 앉고 남의 먹이를 탐내지 않는 품위 있는 새이다.
- 사이좋은 부부를 상징한다.

남쪽을 지키는 사신 — **주작**

- 남쪽을 지키는 사신이다.
- 나쁜 기운을 막아 준다.
- 몸 전체에서 붉은색이 두드러진다.

북쪽을 지키는 사신 — 현무

- 북쪽을 지키는 사신이다.
- 단단한 등껍질과 날카로운 이빨을 자랑하는 용맹한 신수이다.
- 암컷 거북과 수컷 뱀이 한 몸에 있어 사랑의 신이기도 하다.

서쪽을 지키는 사신 — 백호

- 서쪽을 지키는 새하얀 호랑이이다.
- 처음에는 용과 비슷하게 생긴 길쭉한 모습이었다.
- 신성한 불꽃무늬 화염문이 다리 주변에 있다.

어진 성품을 지닌 — 기린

- 작은 생명도 귀하게 여기는 선한 성품이다.
- 태평성대를 상징하여 궁에서 문양으로도 쓰였다.
- 신선을 태우고 하늘과 땅을 오간다.

만물의 뜻을 깨우친 — 백택

- 물가에 살며 덕을 베푸는 동물이다.
- 이 세상에서 모르는 것이 없는 지혜로운 동물이다.
- 요괴 11,520종이 담긴 《백택도》를 만드는 데 도움을 줬다.

해태

산군

2

재앙을 막고 복을 부르는 동물

사람들에게 찾아오는 끔찍하고 불행한 일을 막아 주는 환상 동물들이 있어요. 사람들은 이들이 가진 힘과 상징성이 복을 가져다준다고 믿었습니다. 어떤 동물들이 불행을 막고 복을 주는지 한번 살펴볼까요?

불을 막고 정의를 지키는 해태

경복궁 광화문 앞에는 커다란 돌 조각이 양옆으로 하나씩 놓여 있어요. 둥근 코에 커다란 눈을 부리부리하게 뜬 이 조각은 대문을 지키고 있어요. 사자도, 곰도 아닌 이 이상한 동물은 '해태'예요. 오늘도 해태는 광화문 앞에 굳건히 서서 혹시 모를 화재에 대비해서 경복궁을 지키고 있습니다.

조선 시대의 백자청화해태형연적

해태

　사자와 비슷하게 생긴 해태獬豸는 갈기가 있고 몸이 푸른 비늘로 덮여 있어요. 부리부리한 눈과 커다랗고 둥근 코가 돋보이는 모습입니다. 해태는 '해님이 보낸 벼슬아치'라는 뜻에서 '해치'라고도 불러요. 나쁜 기운과 악귀에게서 사람들을 지키라고 해님이 해태를 땅으로 보냈다고 해요. 옛사람들은 새해에 좋은 일만 있기 바라며 해태 그림을 벽에 붙였습니다. 해태는 물의 기운이 있어 불을 막아 주기도 해요. 불이 날 위험이 있는 곳에 해태 그림을 붙여 놓으면 화재를 막을 수 있어요.

법을 공정하게 만드는지 지켜볼 거야!

정의의 수호자 해태는 잘잘못을 가리고 벌을 주는 '정의의 수호자'예요. 쉽게 판결하기 어려운 상황에서도 해태만 곁에 있으면 나쁜 사람을 바로 찾아낼 수 있어요. 국회의사당 정문에는 정의로운 해태 한 쌍이 있습니다. 해태가 눈을 부릅뜨고 지켜보는 곳에서 국회의원이 공정하게 법을 정했으면 하는 바람을 담은 거예요.

대사헌의 해태 흉배 조선 시대의 사헌부司憲府를 이끄는 벼슬은 대사헌大司憲이에요. 사헌부는 지방 관리가 비리 없이 일을 잘하고 있는지, 사람들에게 억울한 일은 없는지 두루 살핀 곳이에요. 대사헌은 해태를 수놓은 옷을 입었습니다. 해태처럼 정의를 지키겠다는 의지를 담아서 말이에요.

흉배

환상 동물 더하기 **북청사자**

사람들이 가면을 쓰고 춤추는 민속놀이 '북청사자놀음'에 '북청사자'가 등장해요. 머리에 커다란 은방울을 단 북청사자는 집집마다 방문하며 잡귀를 쫓아요. 북청사자의 무서운 얼굴과 요란한 은방울 소리에 놀란 귀신들은 재빠르게 도망갑니다.

산군

호랑이 산신령

옛사람들은 산에서 나물이나 열매 같은 먹을 것을 구하고 나무를 베어 추운 겨울을 보낼 땔감을 마련했어요. 예부터 산은 사람들에게 없어서는 안 될 소중한 곳이었지만 두려운 곳이기도 했습니다. 길을 잃거나 산짐승을 만나면 목숨을 잃을 수도 있었거든요. 이러한 산을 다스리는 산신령은 호랑이 모습으로 나타나곤 했어요.

호랑이 부적

산군

　산을 지키는 신령스러운 호랑이 산군山君은 다른 말로 '산군자山君子·산령山靈·산신령山神靈'이라고도 해요. 산을 다스리고 마을 사람들을 보살피는 일을 주로 합니다. 산군은 사악한 기운을 물리치는 힘이 있어 벽사의 상징이기도 합니다. 옛사람들은 호랑이를 그릴 때 대부분 다소곳이 엎드려 있는 점잖은 모습이나 친근하고 장난스러운 모습으로 표현했어요. 호랑이는 분명히 무서운 동물이었지만 사람들에게 신령스럽고 친근한 존재였기 때문이에요.

호랑이 부적

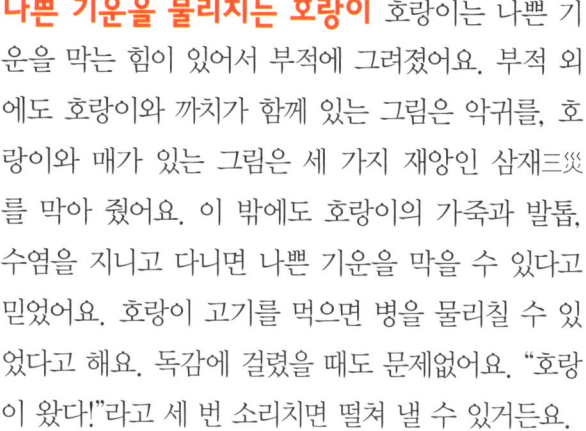
호랑이 수염
호랑이 발톱

나쁜 기운을 물리치는 호랑이 호랑이는 나쁜 기운을 막는 힘이 있어서 부적에 그려졌어요. 부적 외에도 호랑이와 까치가 함께 있는 그림은 악귀를, 호랑이와 매가 있는 그림은 세 가지 재앙인 삼재三災를 막아 줬어요. 이 밖에도 호랑이의 가죽과 발톱, 수염을 지니고 다니면 나쁜 기운을 막을 수 있다고 믿었어요. 호랑이 고기를 먹으면 병을 물리칠 수 있었다고 해요. 독감에 걸렸을 때도 문제없어요. "호랑이 왔다!"라고 세 번 소리치면 떨쳐 낼 수 있거든요.

산신령과 호랑이 산신령은 산과 마을 사람들을 돌보며 착한 사람에게 복을, 나쁜 사람에게 벌을 내려요. 호랑이는 산신령을 태우고 함께 다니거나 산신령으로 등장해요. 우리가 알고 있는 산신령은 수염을 길게 늘어뜨린 할아버지 모습이지만 여성 산신령도 있어요. 지리산과 계룡산, 속리산을 비롯해 전국 곳곳의 산을 여성 산신령이 다스리고 있습니다.

관련 동물 **백두산호랑이**

옛날에 우리나라에서는 '시베리아호랑이, 한국호랑이'라고도 불리는 백두산호랑이를 쉽게 볼 수 있었어요. 오늘날에는 동물원을 제외하고는 찾아보기 힘들어졌어요. 일제 강점기 때 해로운 짐승을 없앤다는 이유로 수없이 사냥했기 때문이에요. 그 이후 한반도에 사는 호랑이의 숫자가 크게 줄어들었어요. 오늘날에는 북한에서도 찾아보기 어려워요. 한국을 대표하는 동물인 호랑이가 정작 한국에 살고 있지 않다니 정말 안타까운 일이에요.

삼재를 쪼아 없애는 **삼두일족응**

삼두일족응은 머리가 셋, 발이 하나 달린 독특한 매예요. 날카로운 부리와 무시무시한 발톱이 금방이라도 달려들 듯 사나워 보여요. 하지만 겁먹을 필요 없어요. 나쁜 운을 쪼아 없애 주는 착한 새거든요. 부리가 셋이나 있어서 나쁜 운을 더 많이, 잘 쪼아 없애 줄 거예요.

삼두일족응

머리가 셋, 발이 하나인 매 삼두일족응三頭一足鷹은 매서운 부리와 날카로운 발톱이 있어요. 또 재난과 맞서 싸워 이기는 힘과 용맹함도 넘쳐요. 이 능력으로 사람들에게 찾아오는 삼재를 사정없이 부리로 쪼아 없애 줍니다. 삼재는 사람에게 9년마다 닥치는 세 가지 재난이에요. 삼재가 있는 해에는 다치거나 전염병, 굶주림이 찾아올 수 있어요. 삼재는 불이나 바람, 물에 따른 재난을 말하기도 해서 화재나 태풍, 홍수 같은 자연재해도 조심해야 해요. 삼두일족응이 같이 있으면 이토록 무서운 재난도 걱정없어요. 옛사람들은 삼재를 막는 부적 '삼재부三災符'에 삼두일족응을 그려 넣었습니다.

정홍래가 그린 일출 앞의 매

침입자를 막아 낸 매 옛날, 중국의 송나라 황제는 오늘날의 제주도인 탐라국에서 큰 인물이 나타나 송나라에 맞설지도 모른다는 이야기를 듣고 크게 걱정했어요. 이에 황제는 풍수사 호종단을 보내 말뚝을 박아 탐라국의 좋은 기운을 막도록 했습니다. 호종단이 작업을 마치고 송나라로 돌아가려 할 때였어요. 이 모두를 지켜보던 한라산 산신인 매가 호종단 일행의 배 주변을 날아다녔어요. 그러자 거센 폭풍우가 일어 배를 집어 삼켰습니다. 그곳을 '호종단이 돌아가는歸 것을 막은遮 지역'이라 하여 '차귀도遮歸島'라고 해요. 차귀도에는 매가 날아가려는 모습의 바위가 있습니다.

환상 동물 더하기 **호루스**

하늘과 태양의 신 호루스Horus는 고대 이집트의 최고 신 가운데 하나예요. 매의 모습이거나 매의 머리를 한 사람으로 표현됩니다. 태양의 눈과 달의 눈이 있으며 넓은 날개로 하늘을 자유롭게 날아다녀요. 이집트에서는 파라오를 '호루스의 화신'으로 여겼어요. 그래서 파라오를 '살아 있는 호루스'라고 생각했습니다.

재앙을 막고 복을 부르는 동물

세 눈박이 개

삼목구

눈이 셋인 개를 만나면 친절하게 대해 주세요. 평범한 개가 아니라 저승의 신이 환생한 개이기 때문이에요. 삼목구는 눈이 셋이나 있어서 나쁜 기운을 빠르게 찾아내 쫓아냅니다.

삼목구

삼목구三目狗는 나쁜 기운을 쫓아내는 능력이 있어요. 삼목구를 그린 부적을 지니고 다니면 악귀가 다가오지 못합니다. 셋이나 있는 눈이 퍼렇게 빛나고 누런 털에 검은 줄무늬가 있는 모습으로 나타나요. 동네 개들은 삼목구를 두려워하며 다가가지 못해요. 삼목구는 동네 개들의 왕 노릇을 합니다. 충성심이 강하고 똑똑한 삼목구는 주인이 밖으로 나가면 배웅하고 집으로 돌아올 때 멀리까지 마중하러 나가요.

삼목구의 진짜 정체 저승의 신 삼목대왕三目大王이 죄를 지어 땅으로 쫓겨 내려오면서 삼목구로 환생해 귀양살이해요. 그렇게 땅에서 3년 동안 산 뒤에 다시 저승으로 돌아갔습니다.

삼목구와 팔만대장경 고려 시대에 '이거인'이라는 사람이 살았어요. 그는 밤길을 걷다 눈이 셋 달린 개를 만났습니다. 이거인은 집까지 쫓아온 이 개에게 '삼목구'라고 이름 지어 주고 정성스럽게 키웠어요. 어느 날, 잘 지내던 삼목구가 갑자기 죽자 그는 매우 슬퍼하며 양지바른 곳에 묻어 주었어요. 3년 뒤 이거인 또한 명이 다해 저승에 갔습니다. 저승의 신 삼목대왕은 이거인을 반기며 삼목구였던 자신을 잘 돌봐 준 것을 고마워합니다. 이거인이 염라대왕을 만날 일을 걱정하자 삼목대왕은 "대장경을 만들려 했지만 명이 다해 이루지 못했다."라고 말하라며 조언해 줘요. 염라대왕을 만난 이거인이 그대로 말하자 놀라운 일이 벌어졌어요. 염라대왕이 그를 다시 살려 준 거예요! 이거인이 자리에서 일어나니 이 모두가 꿈이었습니다. 다시 살아난 이거인은 염라대왕에게 이야기한 대로 대장경을 만들었어요. 그것이 오늘날의 해인사 팔만대장경입니다.

환생!

환상 동물 더하기 케르베로스

얼굴이 셋인 개, 케르베로스Cerberus는 서양의 저승을 지키는 개예요. 죽은 자의 영혼이 빠져나오지 못하도록 저승의 입구를 지키고 있어요. 또 살아 있는 사람이 저승으로 들어가지 못하도록 지키고 있습니다.

귀신을 쫓아내는 삽살개

한국의 대표적인 개 삽살개는 천연기념물 368호로 지정되어 있어요. 영특하고 충직하여 변함없이 주인을 섬기는 개예요. 낯선 사람을 공격하거나 가족을 지킬 때는 두려움 없이 나섭니다. 길고 북슬북슬한 털을 늘어트리고 꼬리를 살랑살랑 흔드는 모습은 정말 귀여워요. 예부터 귀신 쫓는 개로 사람들에게 사랑을 받았던 삽살개 이야기를 들어보세요.

왈왈! 귀신은 얼씬할 생각도 마!

조선 시대에 그려진 삽살개

능력치: 힘 / 빠르기 / 신력 / 위험도 / 발견율 / 친밀도

삽살개

긴 털이 몸과 얼굴을 수북하게 덮은 삽살개는 사자와 신선을 닮았어요. 덕분에 '사자개, 신선개'라고도 해요. 귀신을 쫓아내는 삽살개의 이름에서 '삽'은 "쫓아낸다."를, '살殺'은 '귀신, 액운'을 뜻해요. 조상들은 나쁜 기운을 막으려고 삽살개를 키우거나 그림을 대문에 붙였어요. 삽살개는 신라 시대부터 왕족과 귀족이 기르던 품격 있는 개였습니다. 김유신 장군은 삽살개를 군견으로 삼아 전쟁터에 데리고 다니기도 했어요. 신라가 망한 뒤부터 삽살개는 백성들에게 퍼지면서 사랑받았습니다. 1998년부터는 독도 수호견으로 활약하고 있어요. 삽살개가 독도의 경비 대원들과 함께 늠름하게 독도를 지키는 모습을 상상할 때면 아주 든든해요.

저승사자 퇴치 삽살개는 주인의 목숨을 거두러 온 저승사자를 쫓아내기도 해요. 대문 앞에서 매섭게 짖으면 저승사자도 함부로 집 안에 들어오지 못하거든요. 예부터 죽을 운명을 미리 알아차린 사람들은 삽살개를 키워서 저승사자를 막으려 했다는 이야기도 있습니다.

충직한 삽살개의 무덤 의구총義狗塚은 의로운 개의 무덤이에요. 술에 취한 주인이 산에서 잠들었을 때 산불이 났어요. 개는 강물에 몸을 적셔 주인에게 불길이 오지 못하게 이리저리 구르며 불을 껐어요. 이윽고 잠에서 깨어난 주인은 불에 그을려 죽은 개를 발견하고 안타까워하며 무덤을 만들었어요. 이 무덤이 바로 의구총입니다. 이때 주인을 살린 개가 삽살개였고 무덤은 지금까지 보존되어 문화재로 남아 있어요.

관련 동물 바둑이삽살개

조선 시대 화가 김두량이 그린 삽살개는 우리가 흔히 아는 삽살개와 다르게 생겼어요. 눈이 덮일 만큼 털이 길지도 않고 얼룩덜룩한 무늬가 있거든요. 이렇게 무늬가 있고 털이 짧은 바둑이삽살개 또한 우리나라 토종개입니다. 민화에서 많이 등장할 만큼 흔했던 바둑이삽살개는 일제 강점기를 거치며 사라졌어요. 오늘날 이 개를 다시 만나려고 복제 연구가 시작되었어요. 오랜 연구 끝에 2017년, 복제 기술을 통해 다시 태어났습니다.

재물을 가져다주는 업신

집에 재물운을 가져다주는 신을 '업신'이라고 불러요. 업신은 두꺼비나 구렁이, 족제비 등 다양한 동물로 나타납니다. 옛사람들은 집에서 두꺼비를 발견하면 함부로 내쫓지 않고 아주 귀하게 여겼어요. 두꺼비가 재물을 가져다줘서 집안이 부유해진다고 믿었거든요.

업신

　　업신은 집 안에 자리를 잡고 살면서 재물운을 불러옵니다. 업신이 살거나 머물면 집이 부유해지고 업신이 죽거나 떠나면 집이 가난해져요. 업신은 두꺼비의 모습 외에도 구렁이·족제비·고양이·사람·개·소의 모습으로 찾아오기도 해요. 대부분은 평범한 두꺼비의 모습으로 찾아옵니다. 그렇다 보니 집에 들어온 두꺼비가 업신인지, 우연히 들어온 두꺼비인지 구별하기 쉽지 않아요. 집에서 두꺼비를 본다면 일단 잘 대해 줘야 해요.

업신을 부르는 방법 업신을 부를 수 있는 특별한 방법은 없어요. 착하게 산다고 들어오는 것도 아니고 능력 있는 사람에게 찾아오는 것도 아니거든요. 떠날 때도 특별한 이유가 없습니다. 그야말로 집안의 운에 따르거나 업신의 마음에 달려 있어요.

업신이 지내는 곳 집에서 재물을 저장해 두는 광이나 곳간, 마루 밑에서 지내요. 우리 조상들은 업신이 오래도록 집에 머무르길 바라며 음식을 마련해 주거나 제사를 지내기도 했습니다.

언제 어디서나 특별 관리 대상 업신이 머물던 집을 떠나면 재물운이 사라지고 말아요. 잘살던 부잣집이 한순간에 망했다면 업신이 떠난 것입니다. 집안에서 업신을 보면 함부로 대하거나 내쫓지 말아야 해요. 우연히 보더라도 손가락으로 가리키거나 함부로 불러서도 안 돼요. 기분이 상한 업신이 떠날 수 있을지도 모르니 조용히 지나치는 게 좋습니다.

조선 시대의 백자청화동채두꺼비연적

환상 동물 더하기 **삼족섬**

삼족섬三足蟾은 발이 셋 달린 두꺼비예요. 중국의 신선 '유해劉海'는 삼족섬을 데리고 다녔어요. 이 두꺼비가 가끔 우물로 도망칠 때마다 유해는 쇠돈을 줄에 매달아 우물에 넣었어요. 그러면 삼족섬은 그 줄을 물고 올라왔습니다. 이후부터 사람들은 신선과 두꺼비를 함께 그린 그림을 걸면 재물이 들어오고 좋은 일이 생긴다고 믿었어요.

탐정 B의 환상 동물 메모

불을 막고 정의를 지키는 — 해태

- 갈기와 푸른 비늘, 부리부리한 눈과 둥근 코가 있다.
- 물의 기운이 있어 불을 막아 준다.
- '해님이 보낸 벼슬아치'라는 별명처럼 정의를 지키는 동물이다.

호랑이 산신령 — 산군

- 산신령이 호랑이의 모습을 하고 나타나 산과 마을을 보살폈다.
- 나쁜 기운을 물리쳐 부적 그림에도 자주 쓰였다.

삼재를 쪼아 없애는 **삼두일족응**

- 머리가 셋, 발이 하나에 날카로운 부리와 발톱이 있는 새이다.
- 무서운 생김새와 달리 사람에게 닥치는 나쁜 삼재를 부리 셋으로 쪼아 없앤다.

세눈박이 개 **삼목구**

- 저승의 신 삼목대왕이 환생한 개이다.
- 셋 달린 눈으로 나쁜 기운을 잘 찾아 쫓아낸다.
- 자신을 돌봐준 은인에게 대장경을 만들라는 말로 염라대왕에게서 살아남게 도와줬다.

귀신을 쫓아내는 **삽살개**

- 한국의 대표 토종개이면서 영특하고 충성심이 깊다.
- 예부터 귀신 쫓는 개로 알려져 있으며 '사자개, 신선개'라고도 불린다.
- 오늘날에는 독도 수호견으로 독도를 지키고 있다.

재물을 가져다주는 **업신**

- 광이나 곳간, 마루 등에 머물며 재물운을 가져다준다.
- 업신이 머무는 집은 부유해지지만 떠나는 집은 가난해진다.
- 업신이 나타나거나 떠나는 것 모두 운에 따른다.

3

용 그리고 용을 꿈꾸는 동물

용

이무기

서양에서는 용을 난폭하고 사악한 존재로 생각했어요.
이와 달리 동양에서는 용을 신성하게 여겨 왕의 상징으로 썼습니다.
이번 장에서는 용의 특징을 알아보고 용과 비슷한 동물을 살펴보기로 해요.

하늘과 물을 다스리는 용

환상 동물에서 가장 유명한 동물이라고 하면 누구나 용을 먼저 떠올릴 거예요. 용은 동서양의 여러 이야기와 신화에 나와 사람들에게 사랑받고 있는 동물입니다. 지금부터 용은 어떤 생김새와 특징, 상징성이 있는지 살펴보기로 해요.

난 하늘과 물을 다스리는 최고 능력자야!

영친왕 운보문사 홍룡포

ⓒ 국립고궁박물관

능력치: 힘 / 빠르기 / 신력 / 위험도 / 발견율 / 친밀도

용

용龍은 낙타의 머리, 사슴의 뿔, 토끼의 눈, 소의 귀, 뱀의 목덜미, 조개껍데기를 닮은 배, 잉어의 비늘, 매의 발톱, 호랑이의 발을 합쳐 놓은 모습을 하고 있어요. 용은 옛날 말로 '물'이라는 순수 우리말 '미르'라고도 해요. 이름처럼 물과 관련된 능력이 많아서 비를 자유자재로 내릴 수 있어요. 신라 시대에는 가뭄이 들면 용을 그린 그림이나 조각을 앞에 두고 비를 내려 달라고 빌었습니다. 이 외에 귀신을 쫓고 복을 불러들이는 힘도 있어요. 용 가운데에서도 청룡靑龍은 동쪽을 맡아 지키는 사신이에요. 청룡은 '동쪽·푸른색·나무木·봄'을 상징합니다.

74 한국 환상 동물 도감

승천과 여의주 커다란 구렁이가 수백 년을 살면 이무기가 되고 이무기가 덕을 쌓으면 용이 될 수 있어요. 이렇게 오랜 시간이 지나 용이 되어 하늘로 올라가는 것을 '승천'이라고 합니다. 용은 갖고 있는 붉은 여의주로 신통력을 부리기도 해요. 사람도 이 여의주를 가지면 신통력을 쓸 수 있다고 하니 한번 잘 찾아보도록 해요.

제왕의 상징 경이로운 힘을 가진 용은 왕을 상징해요. 왕의 옷이나 의자 등에는 모두 '용' 자가 들어갑니다. 왕의 얼굴은 '용안龍顔', 옷은 '곤룡포袞龍袍', 눈물은 '용루龍淚', 의자는 '용상龍床'이라고 해요. 옛 사람들은 강한 존재였던 용을 신으로 여겨 기도했어요. 물을 다스리는 용이 화나면 태풍이 불거나 파도가 매섭게 쳤거든요. 용을 부르는 호칭인 '용신, 용왕님'은 '용왕 할머니·용신 할머니·용궁 마나님'이라는 여성형 호칭으로도 불렸어요.

절대 건드리지 말아야 할 곳 용의 목 밑에는 거꾸로 난 비늘 '역린逆鱗'이 있어요. 이 비늘을 건드리면 용은 매우 화를 내며 역린을 건드린 사람을 해치니 절대 건드려서는 안 돼요.

환상 동물 더하기 드래곤

동양과 서양의 용은 어떻게 다를까요? 서양의 용, 드래곤Dragon은 무섭고 악한 존재예요. 동양의 용은 뱀을 닮았지만 드래곤은 공룡을 닮았어요. 동양의 용은 날개가 없지만 드래곤은 박쥐와 비슷한 날개가 있습니다. 동양의 용을 만나면 좋은 일이 생길 수 있지만 드래곤을 만난다면 바로 도망가는 게 좋아요.

용이 되고 싶은 이무기

이무기들은 용이 될 수 있지만 모든 이무기가 용이 되지는 못해요. 용이 되려면 수많은 세월을 기다리고 운과 때가 잘 맞아야 하거든요. 오랜 시간 노력했어도 한순간의 실수로 용이 되지 못하기도 해요. 이무기를 보니 치열한 인간 세계만큼이나 환상 동물의 세계도 호락호락하지 않음을 알 수 있어요.

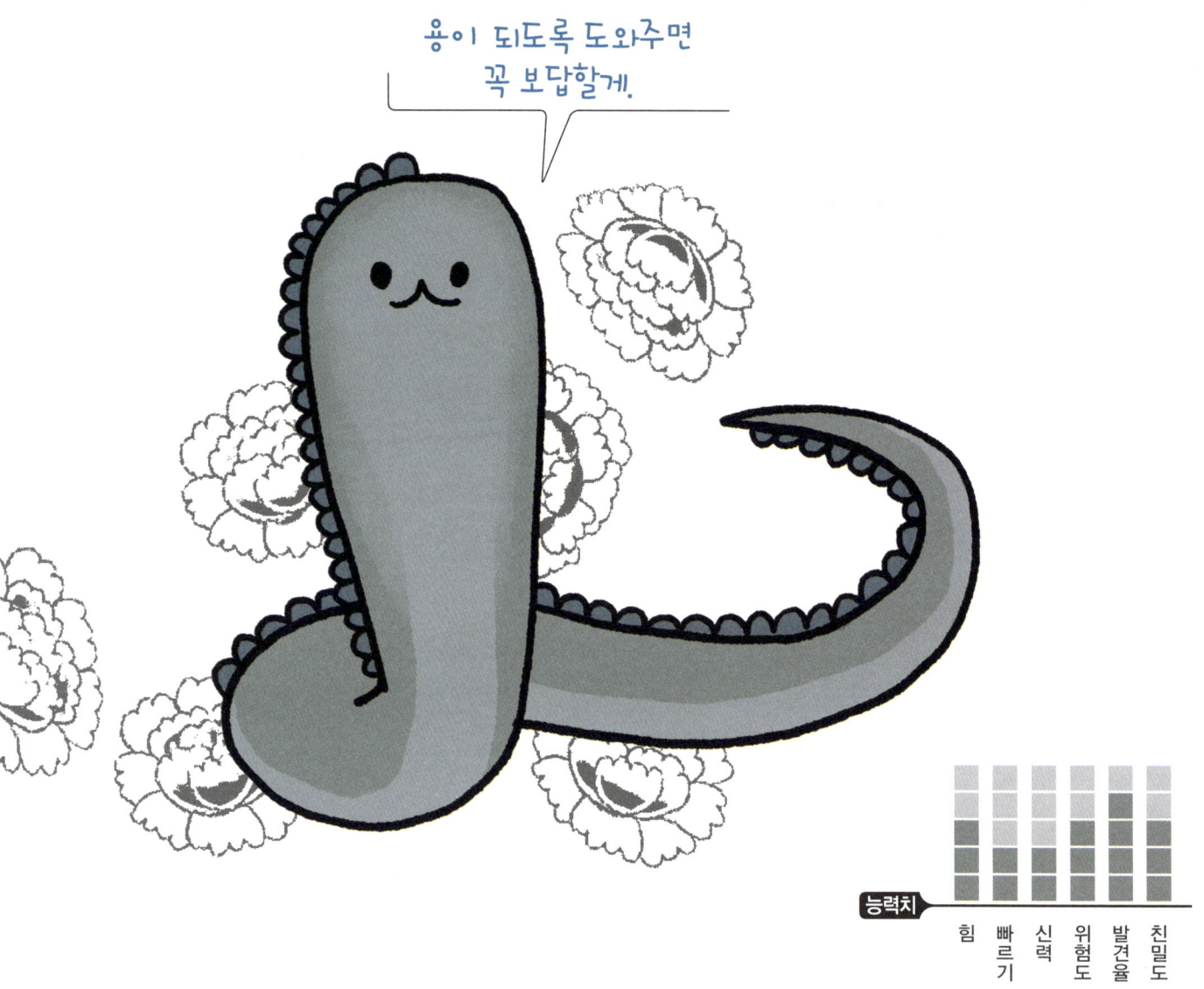

이무기

이무기는 '이시미, 이심이'라고도 해요. 이시미는 이무기의 방언이에요. 이무기는 용만큼 큰 힘은 없지만, 물을 다루는 능력이 있어요. 그래서 용이 되어 승천할 때 큰 비가 내려요. 사람들은 비를 내려 달라고 이무기에게 빌기도 해요. 커다란 구렁이처럼 생긴 이무기는 물가에서 살아요. 연못이나 강 근처에서도 이무기를 만날 수 있어요. 이무기마다 성격이 달라 사람에게 친절한 이무기가 있고 위협적인 이무기도 있습니다. 위협적인 이무기는 황소처럼 커다란 동물과 사람을 잡아먹어서 두려운 대상이기도 해요.

용이 되는 방법 하나 사람이 용이 될 준비를 다한 이무기를 보고 "용이다!"라고 외치면 승천할 수 있어요. 반대로 "구렁이다!"라고 외치면 승천할 수 없어요. 이무기는 용이 되어 승천하도록 도와준 사람에게는 보답하지만 방해한 사람에게는 보복합니다. 커다란 이무기를 보는 날에는 "용이다!"라고 말해 보세요. 승천을 도와준 보답으로 어쩌면 소원을 들어줄지도 모르니까요.

용이 되는 방법 둘 이무기가 여의주를 가지면 용이 될 수 있어요.

용이 되는 방법 셋 용이 될 이무기는 경건한 마음으로 지내야 해요. 착한 일을 많이 하며 덕을 쌓아야 용이 될 수 있기 때문이에요.

환상 동물 더하기 리바이어던

리바이어던Leviathan은 성경에 나오는 바다 괴물이에요. 이 커다란 뱀은 코에서 연기를, 입에서 불을 뿜습니다. 비늘과 가죽이 단단해서 웬만한 칼이나 창으로는 뚫리지 않아요. 쇠를 지푸라기처럼 부러트릴 만큼 힘도 세고요. 그 무엇도 두려워하지 않으며 아주 사나워서 누구도 이 괴물에 맞설 수 없어요. 천지창조의 다섯째 날에 만들어진 리바이어던은 모두 암컷입니다.

양반을 잡아먹는 이무기 영노

이무기에는 여러 종류가 있어요. 사람에게 도움을 주는 이무기가 있는가 하면 사람을 해치는 이무기도 있습니다. 이번에 소개할 환상 동물은 사람을 잡아먹는 이무기 '영노'예요. 특히 '양반'을 제일 잘 먹습니다. 영노에게 잡아먹히지 않으려면 어떻게 해야 할까요? 지금부터 영노를 함께 알아보기로 해요.

영노

영노는 용의 머리에, 새의 부리를 닮은 입이 있어요. 이 입은 사람을 잡아먹기 좋게 아주 크게 찢어집니다. 몸에는 용과 같은 비늘이 있어요. 영노는 "비비!" 하고 울어서 '비비'라고도 불려요. 사람의 말을 할 줄 알아서 양반을 상대로 지혜와 재치를 겨뤄요. 양반들은 영노에게서 도망치려고 거짓말하거나 설득해 보지만 결코 넘어가는 법이 없습니다. 백성들은 이렇게 양반을 잡아먹는 영노를 탈로 만들었어요. 이 탈을 '영노탈'이라고 부릅니다. 그들은 영노탈을 쓰고 가면극을 했어요. 자신들을 괴롭히던 양반들을 잡아먹는 영노를 연기해서 마음에 쌓인 울분을 풀었던 거예요. 영노가 나오는 가면극에는 〈수영야류〉, 〈통영오광대〉, 〈동래야류〉 등이 있어요.

잡식성 영노 영노는 무엇이든 다 잘 먹어요. 쇠뭉치·그림자·똥·돼지·올챙이·개구리·구렁이까지 못 먹는 게 없습니다. 그중에서 제일 좋아하는 먹이는 '양반'이에요. 이렇게 무시무시한 영노이지만 자신을 위협하는 이무기를 무서워해요.

양반 100명을 먹으면? 하늘에서 내려온 영노는 양반을 100명 잡아먹으면 다시 하늘로 올라갈 수 있습니다. 양반을 잡아먹는 영노도 부모님과 조부모님, 조상님은 잡아먹지 않아요. 삼강오륜三綱五倫을 지킬 줄 아는 동물이거든요. 양반이 영노를 만났을 때 "내가 네 조상님이다!"라고 외치면 살 수 있습니다.

환상 동물 더하기 **강철이**

용이 되지 못한 이무기 강철이는 '강처리, 깡처리'라고도 해요. 불의 화신 강철이는 사람에게 해를 끼치는 악한 동물입니다. 용이 되지 못한 분을 품어서 불을 뿜고 다녀요. 강철이가 지나가기만 해도 주변의 식물은 말라 버리고 땅은 가물어 버려요. 농사짓는 사람들에게 강철이는 재앙이었어요. 가뭄이 오면 농민들은 강철이를 쫓아내려고 요란하게 꽹과리와 징을 치며 산을 돌아다녔습니다.

폭포를 뛰어오르는 어변성룡

잉어가 용이 되려면 험한 폭포를 거슬러 올라가야 하는 특별한 관문을 거쳐야 해요. 이는 잉어에게 쉽지 않은 일입니다. 포기하지 않고 힘차게 뛰어오른 잉어는 마침내 용이 되어 하늘로 올라가요. 선비들은 잉어가 폭포를 뛰어올라 용이 되듯, 시험에 합격하여 벼슬길에 나아가길 바라며 잉어의 그림을 벽에 걸었어요.

어변성룡

　어변성룡魚變成龍은 "물고기가 용으로 변하다."라는 뜻이에요. 용으로 변하기 전의 잉어에게는 특별한 힘이 없어요. 평범한 잉어가 열심히 노력하여 '등용문'을 통과해야만 비로소 용이 될 수 있어요. 하찮은 잉어에서 바다와 기후를 다스리는 신과 같은 존재가 되는 거예요. 용이 되려고 물 위를 힘차게 뛰어오르는 잉어 그림은 예부터 출세를 상징했어요. 과거를 준비하는 선비들의 방에는 잉어 그림이 걸려 있었습니다. 용이 되는 순간을 그린 그림에서 잉어는 머리가 용, 몸이 물고기인 모습으로 나와요. 머리부터 먼저 용으로 변하고 몸이 길어지며 용이 되는 듯해요.

출세의 문 등용문 중국의 황허강 상류에는 '용문 협곡'이 있어요. 이 협곡은 아주 높고 가팔라서 물고기들이 오르기가 힘들어요. 어렵게 용문을 올라간 잉어만이 승천해 용이 될 수 있지요. 이 전설을 바탕으로 출세하려면 꼭 거쳐야 하는 관문을 '등용문登龍門'이라고 불렀어요. 옛날에는 과거 시험이 등용문이었다면 오늘날에는 수능이나 취업처럼 목표를 이루려고 거치는 관문이 등용문이라고 할 수 있어요.

이마의 상처 용문점액 용문 계곡 아래에는 이마에 점이 찍힌 잉어들이 있어요. 이들은 용문에 도전했다가 실패한 잉어들이에요. 이렇게 승천하지 못하고 이마에 상처 입는 잉어를 보고 '용문점액龍門點額'이라는 말이 생겼어요. 이는 시험에 떨어진 사람들을 비유하는 말입니다.

환상 동물 더하기 곤

《장자》에 기록된 물고기 곤鯤은 크기가 몇천 리나 되며 자라서 붕鵬이 됩니다. 등의 길이가 몇천 리인 붕이 한번 날아오르면 날개는 하늘을 덮은 구름처럼 보여요. 곤은 잉어와 달리 별다른 관문을 거치지 않고도 시간이 지나면 붕이 될 수 있어요. 힘든 관문을 넘어야 하는 잉어에게는 곤이 부럽겠어요.

바람처럼 달리는 영웅의 말

용마

옛사람들에게 말은 단순한 동물이 아니었어요. 전쟁터에서 삶과 죽음을 넘나들며 마음을 나눌 수 있는 친구였거든요. 사람들은 능력이 특별하게 뛰어난 말을 '천리마·용마'라 일컬으며 귀히 여겼습니다.

용마

    용과 닮은 말, 또는 용처럼 신성한 용마는 바람처럼 빠르게 달립니다. 우리나라 보령 지역 바닷가에서 발견된 용마는 물 위를 평지처럼 뛰어다녔어요. 용마는 다양한 생김새로 전해지고 있어요. 인천 용마정에 나타난 용마는 온몸이 은빛 비늘로 덮여 있고 용의 머리에 말의 몸을 하고 있어요. 대부분 말의 형태이지만 보통 말보다 훨씬 큽니다.

물가에 사는 성스러운 말 용마는 물이 있는 호수나 연못에서 주로 태어나요. 물속에서 나온 용이 물가에서 풀을 뜯고 있는 암컷 말을 만나면 용마가 태어납니다. 많은 장수가 강과 바다, 연못으로 용마를 찾아 나서곤 했어요.

영웅과 함께하는 짝 용마는 아무나 탈 수 없는 특별한 말이에요. 아주 힘이 세고 사나워서 뛰어난 사람만이 탈 수 있거든요. 역사적으로 수많은 영웅이 용마를 탔다고 해요. 충성심이 강한 용마는 한번 주인으로 정한 영웅이 죽을 때 함께 삶을 마치기도 합니다. 임진왜란 때의 의병장 김덕령도 용마를 탔어요. 김덕령 장군은 경상남도의 한 목장에 용마가 있다는 소문을 들었습니다. 용마는 자신을 찾아온 장군을 보고 순순히 등을 내주었어요. 그는 용마를 타고 수많은 공을 세웠지만, 모함으로 죽고 말았어요. 이후 용마는 아무것도 먹지 않은 채 굶어 죽었습니다.

환상 동물 더하기 해마

해마는 그리스 신화에서 바다의 신 포세이돈의 마차를 끕니다. 머리부터 앞다리까지는 말의 모습에 그 아래부터는 물고기의 몸을 하고 있어요.

탐정 B의 환상 동물 메모

하늘과 물을 다스리는 용

- 물을 다루는 능력이 있어 비를 내릴 수 있다.
- 동쪽을 지키는 사신이자, 왕의 상징이다.
- 붉은색 여의주로 신통력을 부린다.

용이 되고 싶은 이무기

- 용이 되기를 준비하며 용과 비슷한 능력이 있다.
- 연못이나 강가에 살며 사람을 잡아먹기도 한다.
- 이무기를 본 사람이 '용'이라고 하거나 여의주를 가지면 용이 될 수 있다.

양반을 잡아먹는 이무기 — 영노

- 이무기의 한 종류로 '비비'라고도 불린다.
- 가장 좋아하는 먹이인 '양반'을 100명 먹으면 승천한다.
- 양반을 상대로 지혜와 재치를 겨룰 만큼 아주 영리하다.

폭포를 뛰어오르는 — 어변성룡

- 용문 폭포를 뛰어오르면 용이 된다.
- 출세를 상징한다.
- 용이 되지 못하고 이마에 점 같은 상처가 있는 잉어도 있다.

바람처럼 달리는 영웅의 말 — 용마

- 용을 닮은 신성한 말로 물가에 산다.
- 아무나 타지 못하고 특별한 영웅만이 탈 수 있다.
- 주인으로 섬기는 영웅과 삶과 죽음을 함께한다.

| 삼족오 | 금계 | 천마 |

4 하늘과 땅을 연결하는 동물

하늘과 땅을 이어 주는 환상 동물들은 신과 관계 있는 동물들이 많아요. 이들은 신의 메시지를 전하거나 신선들을 태우고 다니며 그 존재를 드러내고 있습니다.

태양의 새 삼족오

까마귀는 불길한 새로 알려져 있어요. 새카만 색깔과 거친 울음소리, 동물의 사체 주변을 날아다니는 모습이 죽음을 떠오르게 하거든요. 길을 가다가 까마귀가 울면 재수가 없는 날이니 조심해야 한다는 말도 있어요. 두 발 달린 까마귀에게 발이 하나 더 돋아나면 전혀 다른 동물이 됩니다. 옛사람들은 발이 셋 달린 까마귀 삼족오를 태양의 새로 여겨 신성하게 여겼어요.

삼족오

발이 셋 달린 까마귀 삼족오三足烏는 금빛 까마귀 '금오金烏', 검은 까마귀 '흑오黑烏'라고도 해요. 천상 세계와 인간 세계를 이어 주며 하늘의 뜻을 사람들에게 전해 주는 태양의 신입니다. 날개를 활짝 펴고 둥근 태양 안에서 당당히 서 있는 모습으로 발견됩니다. 삼족오의 머리 위에는 화려한 장식용 깃이 있어요.

완전한 숫자 3 환상 동물들은 3과 관련 있는 동물이 많아요. 눈이 셋인 삼목구, 머리가 셋인 삼두일족응, 발이 셋인 삼족섬과 삼족오까지 정말 많지요? 동양에서는 숫자 1을 태양과 빛을 뜻하는 양陽의 숫자로, 숫자 2를 땅과 그림자를 뜻하는 음陰의 숫자로 여겼어요. 1과 2가 합쳐진 3은 조화롭고 완전한 숫자라 생각하여 좋아했습니다.

까마귀와 연오랑 세오녀 설화 《삼국유사》에 기록된 연오랑 세오녀 설화는 태양과 까마귀의 연관성을 잘 알려 줘요. 바닷가에 살던 연오와 세오 부부는 움직이는 바위에 실려 왜나라에 도착했어요. 왜나라 사람들은 부부를 특별히 여겨 왕과 왕비로 모셨습니다. 부부가 왜나라에 가자 신라의 해와 달이 빛을 잃어버렸어요. 신라의 왕이 사신을 보내 받아 온 세오가 짠 비단으로 제사를 지내고 나서야 해와 달이 다시 빛을 내었어요. 연오와 세오 이름에 들어간 '오烏'는 까마귀를 뜻합니다. 설화 속 연오와 세오는 태양을 상징하는 까마귀의 의미가 담겨 있어요.

까마귀는 왜 불길할까? 사람들은 죽음의 상징 까마귀를 불길하게 여겨요. 제주도 신화 〈차사본풀이〉에 그 이유가 나와 있습니다. 저승사자 강림은 수명이 적혀 있는 적패지를 까마귀에게 맡기며 인간 세계에 내려가 죽은 이를 데려오라고 했어요. 적패지를 잃어버린 까마귀는 수명을 마음대로 떠들고 다녔습니다. 그 바람에 수명에는 순서가 없어지고 어린이가 노인보다 먼저 죽는 일이 생겨 버렸어요. 이 일 이후로 까마귀가 울면 불길한 일이 생긴다고 믿었습니다.

환상 동물 더하기 삼두삼족주작

남쪽의 수호신 주작은 봉황과 비슷한 모습으로 나타나요. 조선 시대 이후부터 주작은 머리가 셋, 다리가 셋인 모습으로 표현되기도 합니다. '삼두삼족주작三頭三足朱雀'이라 불리는 이 새는 삼족오와 '다리가 셋'이라는 공통점이 있어요. 이 외에도 불을 상징하는 주작과 태양을 상징하는 삼족오는 뜨거운 기운을 뿜는다는 속성도 비슷합니다.

밝은 아침을 부르는 금계

옛사람들은 밤에 얼마나 무서웠을까요? 지금처럼 거리에 가로등이 있지도 않고 방에서 형광등을 켤 수도 없었을 테니 말이에요. 밤에 길을 잃거나 호랑이처럼 사나운 동물을 만난다면 말할 수 없이 두려웠을지도 몰라요. 밤에 느꼈던 두려움은 아침의 밝은 빛과 함께 사라졌습니다. 그 밝은 빛을 불러오는 동물이 바로 금빛 닭, 금계였어요.

눈부신 태양아, 떠올라라!

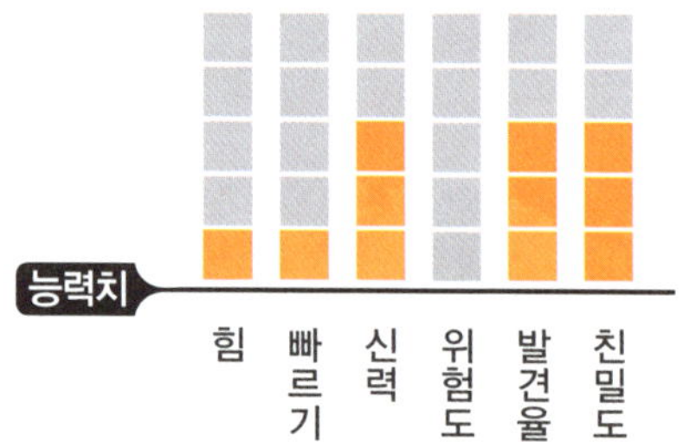

금계

꼬끼오!

금계金鷄는 '금빛 닭'이라는 뜻이에요. 닭은 어둠과 빛의 경계에서 아침을 불러오는 태양의 새입니다. 닭이 높은 소리로 울어 아침이 오면 밤에 나타났던 잡귀신과 어두운 기운이 사라지거든요. 나쁜 기운을 쫓아내는 상징성 덕분에 새해에는 닭을 그린 그림을 붙이고 한 해 동안 복이 가득하길 빌었습니다.

닭은 출세의 상징 닭의 벼슬은 벼슬에 올라 관모를 쓴 모습과 비슷하다고 하여 '출세'를 뜻했어요. 선비들은 닭의 그림을 방에 걸어 두고 높은 관직에 오르길 기원했습니다. 옛사람들은 닭의 생김새와 특징을 보고 다섯 가지 덕을 갖췄다고 여겼어요.

문文 : 관모를 닮은 벼슬을 보니 벼슬에 오를 '지식'이 있구나.
무武 : 발톱을 보니 날카로운 '무기'를 갖추었군.
용勇 : 적을 만나면 물러서지 않고 싸우는 '용기'가 넘쳐.
인仁 : 음식을 함께 나눠 먹는 '인정'이 있어.
신信 : 날마다 같은 시간에 아침을 부르는 성실함이 '믿음'직해.

흰 닭이 알린 좋은 소식 신라 시대 '호공'이라는 사람이 밤에 길을 가다가 큰 빛을 봤어요. 그곳에 가 보니 나무 위에 황금 궤짝이 매달려 있고 그 아래에서 흰 닭이 울고 있었습니다. 이를 알리자 왕이 숲으로 찾아와 궤짝을 열었어요. 왕은 궤짝 안에서 나온 사내아이를 태자로 삼아 이름을 '김알지'라고 지었어요. 이 일 이후로 흰 닭은 좋은 일을 알리는 징조로 나타납니다.

관련 동물 금계

금계는 신령스러운 닭을 부르는 말이기도 하고 실제로 있는 새 이름이기도 해요. 살아 있는 새 금계는 닭보다 꿩에 가깝게 생겼어요. 머리 깃이 금색으로 빛나고 꼬리가 아주 긴 멋진 새랍니다.

하늘과 땅을 오가는 천마

드넓은 땅을 빠르게 달리는 말은 정말 자유로워 보이지요. 그 어떤 길이라도 힘차게 달리는 말과 함께라면 멋지게 나아갈 수 있을 거예요. 땅을 달리며 사람들과 어울리는 말도 있고 하늘을 달리며 신과 함께하는 말도 있어요. 사람들은 하늘과 땅을 오가며 신의 메시지를 전하는 '천마'를 신성하게 여겼습니다.

하늘과 땅을 오가는 난 신의 사자야!

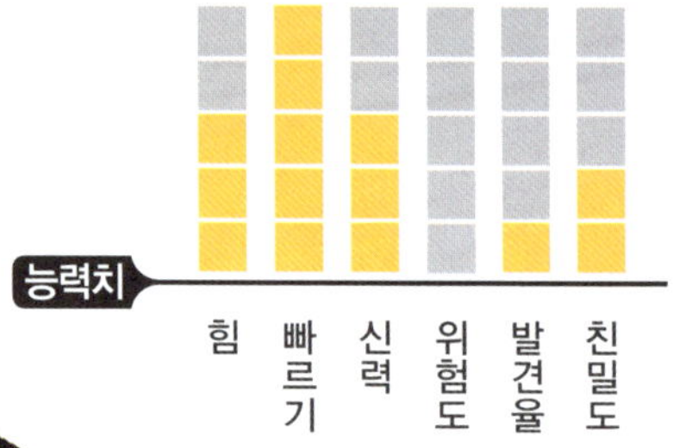

천마

좋은 곳으로 데려다줘.

천마天馬는 하늘의 뜻을 땅에 전하고 죽은 사람의 넋을 하늘에 데려가는 말이에요. 하늘과 땅을 자유롭게 오가며 신의 사자로서 그 역할을 톡톡히 해내기도 합니다. 천마는 대부분 흰색이에요. 흰색은 밝은 빛의 색깔이면서 태양의 색이기도 해요. 천마는 입에서 상서로운 기운을 내뿜고 말갈기와 꼬리를 휘날리며 하늘을 날아다녀요. 이들은 날개가 있기도 하고 없기도 하지만 날개와 상관없이 모두 하늘을 날 수 있습니다.

천마총 장니에 그려진 천마도 천마를 그린 가장 유명한 그림은 경주에 있는 신라 시대의 무덤 천마총에서 출토된 천마도예요. 이 그림은 말을 탈 때 튀는 진흙을 막아 주도록 가죽 등을 안장 양쪽에 달아 놓는 '장니'에 그려졌어요.

천마가 데려온 박혁거세 천마는 하늘이 내린 인물을 땅으로 데려오는 역할을 했어요. 오늘날의 경상도 지역인 진한 땅에 아주 커다란 여섯 마을이 있었어요. 마을의 촌장들은 자신들을 다스려 줄 임금을 찾고 있었어요. 어느 날, 촌장들은 남쪽의 우물가에서 번개처럼 땅에 드리워진 이상한 기운을 발견했어요. 그곳으로 달려가 보니 흰 말 한 마리가 무언가를 향해 엎드려 절하고 있지 않겠어요? 조심히 다가가자 말이 절하는 곳에는 커다란 자줏빛 알 하나가 놓여 있었습니다. 몰려든 사람들을 본 말은 길게 울고는 하늘로 올라갔어요. 조심스레 자줏빛 알을 건드리니 빛이 뿜어져 나오며 아이가 나왔어요. 사람들은 '세상을 밝게 비출 아이'라 하여 '혁거세赫居世'라고 이름을 지었어요. 이 아이가 바로 신라를 세워 왕이 되는 박혁거세입니다.

환상 동물 더하기 **페가수스**

페가수스Pegasus는 그리스 신화에 나오는 날개 달린 흰색 말이에요. 바다의 신 포세이돈과 머리카락 대신 뱀이 나 있는 메두사 사이에서 태어났습니다. 페가수스는 하늘을 날아다니며 신들의 왕 제우스의 천둥과 번개를 운반해요. 보통 사람들은 이 신비로운 말을 탈 수 없지만 아테나 여신의 황금 고삐가 있으면 탈 수 있습니다.

신선과 노니는 백록

제주도 한라산의 백록담은 신선과 백록이 머무는 곳으로 알려져 있었어요. 백록담이 있는 한라산을 반쯤 올라가면 안개가 껴서 더 올라갈 수 없을 때가 있어요. 이는 신선이 산 정상에 오르는 인간을 방해하려고 안개를 내려보낸 것이에요.

신선과 사슴

백록

　사슴은 '장수'를 상징하는 동물이에요. 나뭇가지를 닮은 사슴의 뿔은 해마다 새로 돋아나고 떨어지기를 반복하며 끊임없이 순환하는 땅의 기운이 있다고 믿었기 때문이에요. 사슴 중에서도 백록은 특별한 환상 동물입니다.

　백록白鹿은 한라산에 있는 백록담의 백록과 같은 글자예요. '백록이 신선과 함께 노닐던 연못'이라 하여 '백록담'이라는 이름이 붙었어요. 백록은 신선과 함께 한라산을 지키는 신령한 동물이에요. 백록의 울음소리는 하늘까지 닿아서 신에게 무언가를 바랄 때 백록을 두고 제사를 지냈습니다.

사슴의 나이와 색 사슴이 1,000년을 살면 푸른 사슴 청록靑鹿, 1,500년을 살면 흰 사슴 백록白鹿, 2,000년을 살면 검은 사슴 흑록黑鹿으로 자라나요.

사냥의 대가는 죽음 백록을 함부로 사냥한 사람은 천벌을 받아 그 자리에서 죽고 말아요. 어떤 사고나 실수로 백록을 해쳤다면 무릎을 꿇고 엎드려서 진심으로 빌어야 용서받을 수 있습니다.

백록을 지키는 안개 백록은 한라산 정상에 있는 백록담에서 신선들과 함께 살아요. 신선들은 한라산에 머물 때 사람이 정상까지 올라오지 못하도록 산 중간에 짙은 안개를 깔아 두지요.

안개 때문에 더 못 올라가겠어!

환상 동물 더하기 **선학**

신선들은 자연과 어우러져 살며 동물을 타고 이동해요. 흰 사슴 백록, 흰 호랑이 백호, 흰 코끼리 백상, 흰 소 백우, 그리고 백로인 선학이 신선들을 태우고 다녔어요. 학과 사슴은 장수하는 열 가지 자연물 십장생에 들어가고 신선과 지낸다는 공통점들이 있습니다. 선학과 백록이 만난다면 쉽게 친해질 수도 있겠어요. 신선을 태우고 다니는 고민도 함께 나누고 말이에요.

하늘과 땅을 연결하는 동물

무덤을 지키는 진묘수

백제의 무령왕과 왕비가 잠들어 있는 무령왕릉에서 많은 유물과 함께 진묘수가 나왔어요. 우리나라의 오래된 무덤들은 일제 강점기를 거치며 훼손되거나 도굴되었는데요, 놀랍게도 무령왕릉만큼은 유물이 도둑맞지 않고 잘 보존되어 있었습니다. 혹시 무덤을 지키는 '진묘수'가 제 역할을 잘해 낸 것은 아닐까요?

무덤에는 누구도 들어오지 못해!

진묘수

　진묘수鎭墓獸는 무덤을 지키는 동물이에요. 나쁜 기운이나 사람이 들어오지 못하도록 입구에 서서 무덤의 주인을 지킵니다. 또 죽은 사람의 영혼을 신선의 세계로 안내하기도 해요. 진묘수는 목이 거의 없다시피 하고 다리가 짧은 데다가 몸이 통통해요. 몸 양옆에 있는 불꽃 모양 무늬와 머리에 돋아난 뿔이 아니었다면 무덤을 지키는 용맹한 동물이라고 상상하기 어려울 정도예요. 높이는 30cm 정도에, 강아지와 비슷한 크기입니다. 크기도 작고 생김새도 귀엽지만 무덤을 지키겠다는 의지와 오랜 시간을 버티는 인내는 어떤 환상 동물과 비교해도 지지 않아요.

무령왕릉 어디에 있었을까? 무령왕릉에서 발견된 진묘수는 무덤 바깥쪽을 향해 서서 무덤의 주인과 유물을 지키고 있었어요. 백제 시대부터 오늘날 무령왕릉이 발굴되기까지 오랜 시간 그 자리에 서 있었습니다.

왜 다리가 부러져 있을까? 무령왕릉에서 나온 진묘수의 오른쪽 뒷다리는 발굴 당시 부러져 있었어요. 중국에서 출토된 진묘수들도 다리가 부러진 채 발견되었다고 해요. 이로 보아 도망가지 말고 무덤을 지키라는 뜻에서 일부러 진묘수의 다리를 부러트린 듯해요. 지금은 진묘수의 다리를 복원하였습니다.

환상 동물 더하기 **스핑크스**

무덤을 지키는 환상 동물을 말할 때 이집트의 '스핑크스Sphinx'를 빼놓을 수 없어요. 사람의 머리와 사자의 몸으로 이루어진 스핑크스는 피라미드를 지키며 앉아 있습니다. 스핑크스는 이집트 외에 그리스에서도 발견되고 있어요. 그리스의 스핑크스는 사자의 몸과 사람의 얼굴이 합쳐진 여성의 모습이에요. 지나가는 사람에게 수수께끼를 내고 답을 맞히지 못하면 잡아먹습니다.

하늘과 땅을 연결하는 동물

저승의 길잡이

저승전

사람들은 오랫동안 죽음 이후의 세계를 궁금해했어요. 누구나 죽음을 겪겠지만 살아 있을 때는 죽은 이후를 알 수 없거든요. 사람들은 저승으로 가는 길에 안내자가 있다고 믿었습니다. 종교나 개인의 믿음에 따라 안내자는 천사나 저승사자, 하늘나라에 먼저 가서 기다리고 있던 가족 또는 동물의 모습으로 나타나곤 해요. 지금부터 저승으로 가는 길을 안내하는 하얀 개를 소개할게요.

저승견

죽은 사람의 혼을 안내하는 흰 개가 있어요. 이 개는 정확한 이름이 알려지지 않았어요. 이 동물을 그저 '개'라고 부를 수 없으니 '저승으로 안내하는 개'라는 뜻에서 '저승견'이라고 이름을 지었습니다. 저승견은 이승에서 저승으로, 저승에서 이승으로 영혼을 안내하는 길잡이예요. 죽은 사람의 혼은 저승사자가 저세상에 데려가지만 이들도 종종 실수할 때가 있어요. 염라대왕은 그렇게 잘못 온 사람의 혼에게 자그마한 흰색 저승견을 내어 주며 뒤를 따라가라고 합니다. 이 개를 잘 따라가다 보면 길을 잃지 않고 이승으로 갈 수 있어요. 저승견은 엄격한 교육과 시험을 거쳐야만 될 수 있을지도 몰라요.

싫증 내는 저승견 달래기 저승에서 이승으로 안내하던 저승견이 때로는 싫증을 낼 수도 있어요. 안내에 흥미를 잃고 엉뚱한 길로 가 버리거나 중간에 저승으로 돌아가 버리면 큰일이에요! 길을 떠나기 전에 미리미리 저승견을 위한 간식 '떡'을 준비해야 해요. 저승견이 지치거나 싫증 낼 때 좋아하는 떡으로 달래 주면 무사히 이승으로 돌아올 수 있습니다.

강림을 안내한 저승견 〈차사본풀이〉는 제주도 무속 신화예요. 여기에서 차사는 '저승사자'랍니다. 〈차사본풀이〉는 강림이 차사가 되는 과정을 이야기하며 저승을 자세하게 묘사해 주고 있어요. 저승에 간 강림이 염라대왕에게 이승으로 돌아가는 길을 알려 달라고 했어요. 염라대왕은 떡 세 덩이를 주며 흰 개를 따라가라고 했습니다. 흰 개가 싫증을 낼 때마다 떡을 주어 달래며 뒤따라가니 어느새 '행기못'이라는 연못에 이르렀어요. 갑자기 흰 개가 강림의 목을 물어 못에 빠트렸어요. 놀란 강림이 눈을 떠 보니 이승에 와 있었다는 이야기예요.

환상 동물 더하기 **아누비스**

죽음의 신 아누비스Anubis는 자칼의 머리에 인간의 몸을 하거나 자칼의 모습으로 나타나요. 자칼은 남아프리카에 사는 갯과 동물이에요. 아누비스는 이집트에서 처음으로 미라를 만든 신이에요. 또 저승의 문을 열어 죽은 자의 영혼을 심판할 법정으로 안내하기도 하고요. 저승의 법정에서는 죽은 자의 심장을 저울에 매달아 생전에 했던 잘잘못을 따집니다.

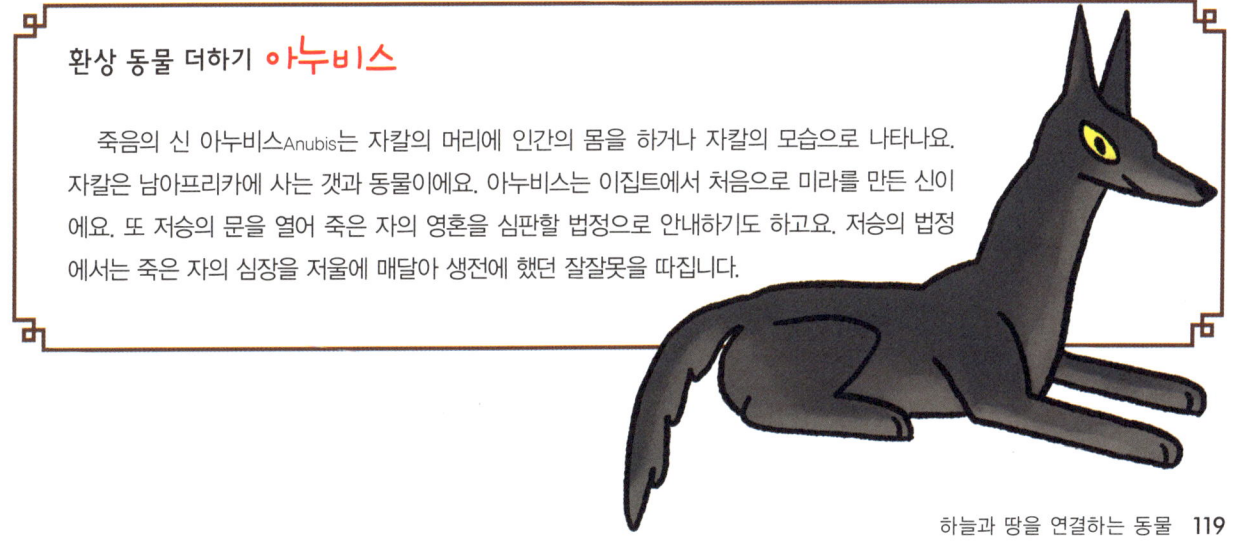

신의 뜻을 전하는 신구

옛사람들은 거북의 등껍질로 좋은 일과 나쁜 일을 점쳤어요. 거북의 등껍질을 불에 태워 나타나는 문양을 보고 미래를 미리 살펴본 거예요. 이처럼 거북은 미래를 내다보는 신령스러운 동물로 여겼습니다.

신구

수명이 긴 거북은 장수의 상징이자, 장수하는 열 가지 자연물 '십장생十長生'의 하나예요. 예부터 신령스러운 네 가지 동물을 '사영수四靈獸'라 일컬었어요. 여기에는 '용·기린·봉황·거북'이 있습니다. 거북 가운데 특히 신령스러운 거북 신구神龜는 신의 뜻을 인간에게 전하며 미래를 내다보는 동물이에요.

백제 멸망을 예언한 거북 《삼국사기》에 거북이 미래를 예언했다는 기록이 있어요. 백제 말기 의자왕 20년, 궁궐에 들어온 귀신이 "백제는 망한다."라고 소리치고 땅 속에 들어갔어요. 이상하게 여긴 왕은 귀신이 들어간 땅을 파라고 명령했어요. 파낸 땅 속에서 등에 "백제는 보름달 같고, 신라는 초승달 같다."라고 쓰인 거북 한 마리가 나왔습니다. 무당은 "백제는 망하고 신라는 흥할 것입니다."라고 그 뜻을 풀었어요. 크게 화난 의자왕은 무당을 죽였지만 얼마 뒤, 예언대로 백제는 망하고 말았어요.

조선 시대의 백자청화산수거북무늬세반

신과 인간을 이어 주는 거북 거북은 신과 인간을 이어 주며 메시지를 전해요. 《삼국유사》에 기록된 〈구지가龜旨歌〉에서 그 모습을 볼 수 있어요. 사람들은 자신들을 다스릴 왕을 바라며 이 소원을 하늘에 전하려고 거북을 불렀어요. 수백 명이 모여 춤추며 "거북아, 거북아, 고개를 내밀어라. 그렇지 않으면 구워 먹으리." 하고 노래했습니다. 그러자 하늘에서 황금 알 여섯 개가 내려왔어요. 알에서 나온 사람들은 각각 여섯 가야의 왕이 되었어요. 가장 큰 알에서 나온 사람이 수로왕이었습니다.

장수하는 열 가지 자연물 대표적인 장수 동물 거북을 포함해 오래 사는 자연물 열 가지를 '십장생十長生'이라고 불러요. '해·달·산·물·대나무·소나무·거북·학·사슴·불로초'라 말하기도 하고 달과 사슴 대신 돌과 구름을 넣기도 해요. 십장생은 장수의 의미로 궁에서 백성들까지 널리 쓰였습니다. 이 밖에도 병풍·가구·장식품의 무늬나 그림 소재로 사용되었으며 경복궁의 자경전 굴뚝에서도 십장생을 찾아볼 수 있어요.

십장생: 해, 산, 물, 대나무, 소나무, 거북, 학, 사슴, 불로초, 달

환상 동물 더하기 산을 지고 가는 거북

옛사람들은 땅 아래에 커다란 거북이 있다고 생각했어요. 거북의 등껍질을 땅으로 삼아 사람들이 살아가고 있다고 말이지요. 중국의 철학서 《열자列子》에 신선들이 사는 삼신산三神山 이야기가 있어요. 삼신산 아래에는 아주 큰 거북이 산을 떠받치고 있습니다.

탐정 B의 환상 동물 메모

태양의 새 — 삼족오

- 태양의 새로 받들어진 발이 셋 달린 까마귀이다.
- 태양과 빛을 뜻하는 양의 숫자 1과 땅과 그림자를 뜻하는 음의 숫자 2가 더해진 완전한 숫자 3과 관련 있다.

밝은 아침을 부르는 — 금계

- 어둠과 빛의 경계에서 아침을 불러오는 금빛 닭이다.
- 닭의 볏은 벼슬에 올라 관모를 쓴 모습을 닮아 '출세'를 뜻한다.
- 다섯 가지 덕 '문·무·용·인·신'을 갖췄다고 여겼다.

하늘과 땅을 오가는 — 천마

- 하늘의 뜻을 땅에 전하고 죽은 사람의 넋을 하늘에 데려가는 말이다.
- 대부분 밝은 빛의 색깔인 흰색을 띤다.
- 날개가 있기도 하고 없기도 하지만 모두 하늘을 날 수 있다.

신선과 노니는 **백록**

- 신선과 함께 노닐며 한라산을 지키는 흰 사슴이다.
- 신선들은 백록이 사는 한라산 정상으로 사람들이 올라오지 못하게 산 중간에 안개를 깔아 둔다.
- 백록을 함부로 사냥하면 그 자리에서 죽고 만다.

무덤을 지키는 **진묘수**

- 나쁜 기운이나 사람이 들어오지 못하게 무덤을 지킨다.
- 죽은 사람의 넋을 신선의 세계로 안내한다.
- 도망가지 말고 무덤을 지키라는 뜻에서 다리를 부러트리기도 했다.

저승의 길잡이 **저승견**

- 죽은 사람의 넋을 저승으로 안내하는 흰 개이다.
- 저승견이 싫증을 내지 않도록 간식으로 떡을 준비해 잘 달래야 한다.

신의 뜻을 전하는 **신구**

- 장수를 상징하며 미래를 내다보는 신령한 거북이다.
- 신의 뜻을 인간에게 전한다.

창귀

구미호

5 해로운 동물

세상에는 정말 무시무시한 환상 동물이 있어요. 사람을 잡아먹기도 하고 홀려서 힘을 빼앗기도 하고 버려진 손발톱을 먹고 손발톱의 주인과 똑같이 둔갑하기도 하거든요.
이번 장에서는 온갖 기기묘묘한 방법으로 사람에게 나쁜 영향을 주는 환상 동물을 소개해요.

호랑이에 붙은 귀신

창귀

옛사람들은 호랑이에게 잡아먹히거나 다치는 '호환'을 아주 두려워했어요. 오늘날에는 야생에서 호랑이를 만날 일이 없지만 옛날에는 호랑이에게 당하는 사고가 자주 있었거든요. 호환을 당하면 귀신이 되어 호랑이 곁에 붙어다니게 된다는 점이 무서워요. 이 귀신을 '창귀'라고 합니다.

창귀

호랑이에게 잡아먹힌 사람의 혼은 창귀(倀鬼)가 되어 호랑이에게 달라붙어요. 창귀는 잡아먹힌 순서에 따라 차례로 '굴각·이올·육혼'이라 부르고 있어요. 창귀가 붙으면 호랑이는 특별한 힘이 생겨 본격적으로 사람을 잡아먹어요. 이때 창귀는 호랑이의 시중을 들며 사람 사냥을 돕습니다. 창귀는 어떻게 생겼는지 알려진 바가 없어요. 창귀가 평범한 혼이 되려면 다른 사람을 호랑이에게 바쳐야만 해요. 그래서 가장 가까운 사람부터 찾아가, 그 이름을 불러 밖으로 유인합니다. 창귀는 사람의 이름을 '세 번'까지만 불러요. 창귀인지 의심스럽다면 이름을 네 번 부를 때 대답하세요. 또는 창귀가 좋아하는 매실이나 소라, 골뱅이를 놓고 유인하세요. 창귀가 이를 먹느라 정신이 팔린 사이 덫을 놓아 호랑이를 잡으면 위험에서 벗어날 수 있습니다.

창귀의 종류별 특징 첫 번째로 먹힌 사람은 '굴각屈閣'이 되어 호랑이의 겨드랑이에 붙어요. 굴각이 솥을 핥으면 집에 있던 사람은 배가 고파져 부엌으로 나옵니다. 이때 기다리고 있던 호랑이는 그 사람을 잡아먹어요. 두 번째로 먹힌 사람은 '이올彛兀'이 되어 호랑이의 광대뼈에 붙어요. 이올은 덫을 알아보고 파헤쳐 호랑이가 걸리지 않도록 해요. 세 번째로 먹힌 사람은 '육혼鬻渾'이 되어 호랑이의 턱에 붙어 다녀요. 육혼은 친구로 지내던 이의 이름을 불러요. 그 사람이 이름을 듣고 나오면 호랑이가 잡아먹습니다.

〈호질〉에 나오는 창귀 조선 시대 박지원이 쓴 《열하일기》의 〈호질虎叱〉에 창귀가 나와요. 호랑이가 창귀에게 오늘 저녁은 어떤 사람을 잡아먹을지 묻는답니다. 굴각은 어린 남자아이를, 이올은 의원과 무당을 권해요. 의원은 약초를 먹어 살이 향기롭고 무당은 신 앞에서 부정하지 않게 몸을 깨끗이 하기 때문이었어요. 육혼은 마음이 의로워서 좋은 맛이 나는 선비를 권해요. 그 말에 선비를 잡아먹으러 간 호랑이는 위선적인 선비를 보고 꾸짖는다는 내용입니다.

환상 동물 더하기 페리톤

페리톤Peryton도 창귀처럼 사람을 잡아먹는 환상 동물이에요. 대서양에 가라앉았다는 전설 속 대륙, 아틀란티스에 살았다고 전해집니다. 그림자가 없는 페리톤에게 해가 비치면 사람의 그림자가 나타나요. 사람을 한 명 죽여야 원래 그림자를 되찾을 수 있습니다. 페리톤은 새의 몸통과 날개, 사슴의 머리와 다리를 합친 모습이에요. 한 마리가 사람 한 명만을 공격하지만 떼를 지어 다녀서 많은 피해자가 나옵니다.

해로운 동물 131

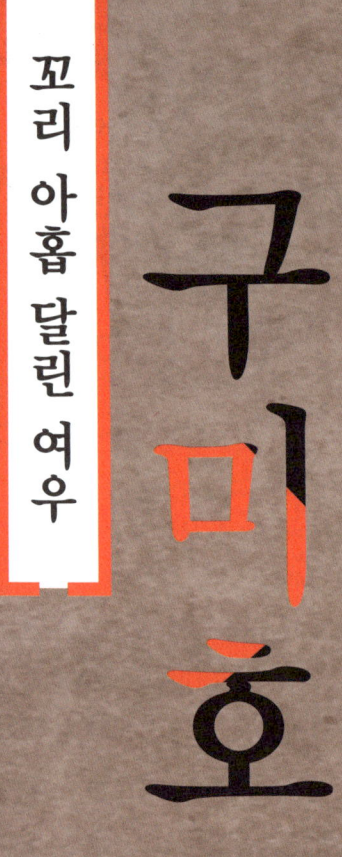

구미호

꼬리 아홉 달린 여우

오늘날 구미호는 여러 미디어에 등장하며 사람들에게 사랑을 받고 있어요. 때로는 무서운 요괴로, 때로는 사랑과 우정을 느끼는 인간적인 모습으로 나타나면서 사람들에게 친근한 존재가 되었습니다. 옛사람들에게 구미호는 죽음을 불러오는 불길한 동물이면서 상서로운 동물이기도 했어요.

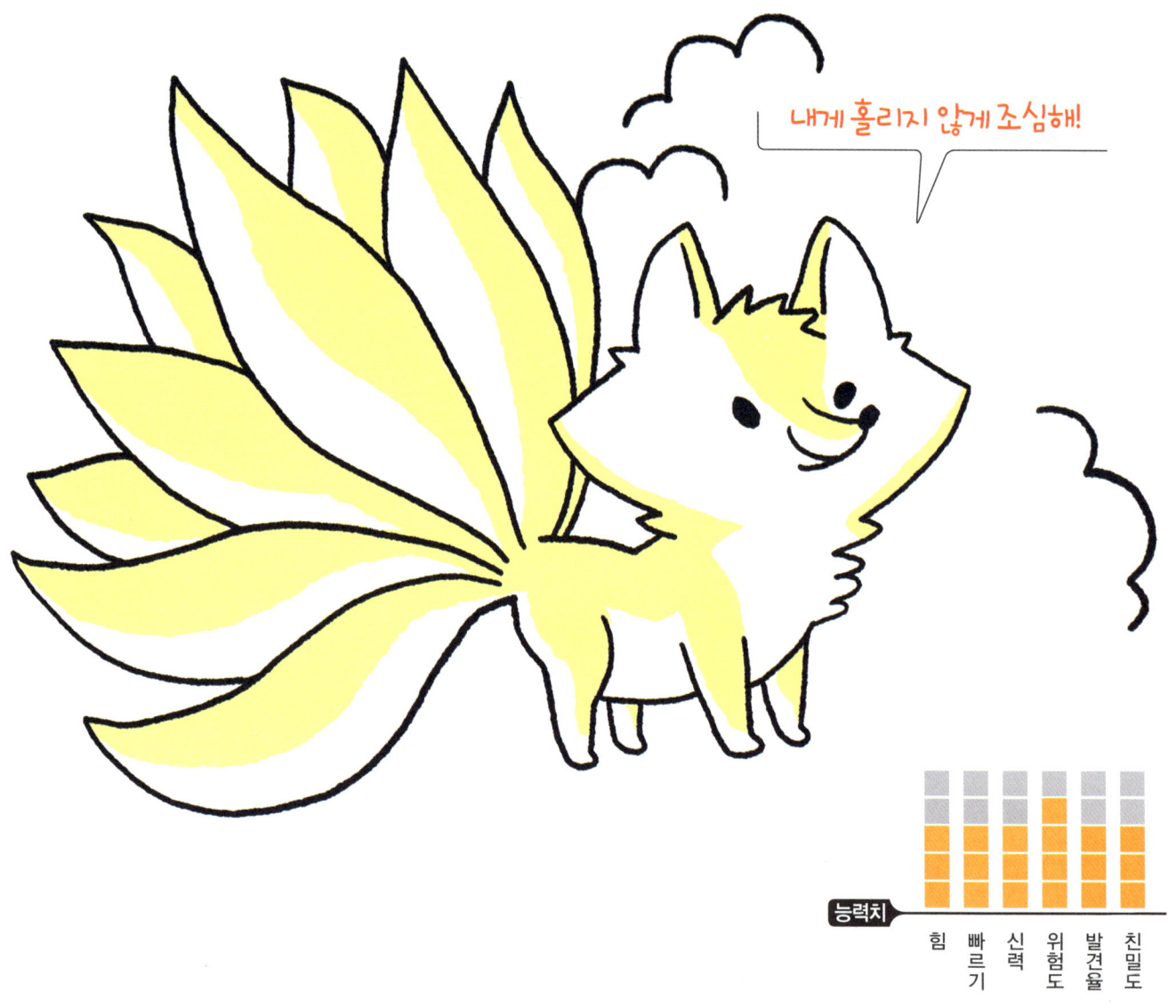

구미호

꼬리가 아홉 달린 구미호九尾狐는 천년 묵은 여우예요. 신통한 능력이 있어 사람으로 변할 수 있어요. 사람들과 어울려 살며 정기를 흡수할 목표물을 찾아요. 구미호는 주로 꼬리가 아홉 달린 흰색 여우로 그려져요. 꼬리가 하나뿐이더라도 오래 살면 신통력이 생겨 사람으로 변하기도 해요. 이 여우까지 '구미호'라고 부르고 있어요. 이들은 여성의 모습으로 홀리기 때문에 사람에게 쉽게 다가갈 수 있습니다. 정기를 심하게 빨린 사람은 죽음에 이르기도 해요.

여우 구슬과 구미호의 승천 구미호의 능력은 용의 여의주와 비슷한 '여우 구슬'에 모여 있어요. 여우 구슬을 사람 입에 넣었다 빼면 정기를 흡수할 수 있습니다. 정신을 바짝 차리고 구슬이 입에 들어온 순간 삼켜 버리면 신통한 능력을 얻을 수 있어요. 여우 구슬을 삼키면 하늘과 땅의 이치를 알 수 있습니다. 운 좋게 이 구슬을 삼킨 사람은 훌륭한 학자가 될 수 있습니다. 여우 구슬로 사람 100명에게서 정기를 흡수한 구미호는 하늘에 올라갈 수 있어요. 그래서인지 사람으로 변해 100명의 정기를 빼앗으려고 호시탐탐 기회를 노립니다.

구미호를 알아보는 삼족구 다리가 셋 달린 개 삼족구는 사람으로 변한 구미호를 알아볼 수 있어요. 삼족구가 덤비면 구미호는 깜짝 놀라 여우로 변합니다. 그때 구미호를 잡으면 문제없어요. 삼족구는 소매에 넣을 만큼 작지만 구미호에게 달려들 만큼 용감해요. 사람으로 변하는 천년 묵은 개구리와 너구리, 쥐도 삼족구의 날카로운 눈을 피할 수 없어요. 둔갑한 사람의 친구와 가족은 속여도 말이에요.

환상 동물 더하기 **야마타노오로치**

꼬리가 아홉인 구미호와 비슷한 환상 동물이 또 있을까요? 꼬리와 머리가 여덟인 뱀, '야마타노오로치八岐大蛇'가 가장 비슷하겠네요. 일본의 환상 동물 야마타노오로치를 한국식으로는 '팔기대사'로 읽을 수 있어요. '여덟 갈래로 나눠진 큰 뱀'이라는 뜻이에요. 이 뱀은 여덟 개의 골짜기와 여덟 개의 봉우리를 덮을 만큼 아주 커요. 뱀의 등에는 이끼와 소나무가 자라고 배에는 피가 묻어 있어요. 눈은 꽈리처럼 붉고 입에서는 독기를 뿜어냅니다.

사람으로 변하는 둔갑쥐

사람으로 변하는

어느 날, 집에 나와 똑같이 생긴 사람이 있다면 어떨까요? 또 가족들이 가짜를 나로 여기고 진짜인 '나'를 쫓아낸다면요? 정말 당황스럽고 억울하겠죠? 깎은 손톱과 발톱을 잘 버리지 않으면 이런 큰일이 벌어질 수 있어요. 버려진 손발톱을 주워 먹은 쥐가 손발톱 주인과 똑같이 둔갑하거든요! 인간의 삶을 탐내 언제, 어디서 우리를 위협할지 모르는 둔갑쥐를 지금부터 살펴볼까요?

둔갑쥐

사람으로 둔갑한다는 능력 때문에 '둔갑쥐'라는 이름이 붙었어요. 평범한 쥐의 모습을 한 둔갑쥐는 사람이 함부로 버린 손발톱을 먹으면 그 사람으로 변할 수 있어요. 가족들도 몰라볼 만큼 똑같은 모습에, 인물의 기억과 습관까지 따라 해요. 쥐가 따라 한 본인 외에는 누가 진짜인지 아무도 알아볼 수 없어요. 그 탓에 진짜가 쫓겨나는 일도 많아요.

둔갑쥐로 변하는 조건 사람의 손발톱을 오랫동안 주워 먹은 쥐, 사람이 주는 밥을 1년 동안 얻어먹은 쥐, 천년을 산 쥐는 둔갑쥐가 되어 사람으로 변할 수 있어요.

고양이로 퇴치 신체 특징이나 습관, 기억으로는 누가 진짜인지 가려낼 수 없어요. 둔갑쥐가 똑같이 흉내내서 구별할 수 없거든요. 가족조차 속아 넘어가지만, 고양이는 누가 가짜인지 단번에 가려내요. 고양이가 가짜 인간을 물어 죽이면 그 사람은 곧 둔갑쥐의 모습으로 돌아옵니다.

환상 동물 더하기 **혼쥐**

사람이 잠들면 쥐의 모습으로 바뀐 영혼이 콧구멍에서 빠져나와요. 이를 '혼魂쥐'라고 불러요. 혼쥐가 바깥을 다니다가 다시 콧구멍으로 몸속에 들어가면 잠들었던 사람이 깨어나요. 이렇게 혼쥐가 바깥세상을 다니며 겪은 일은 꿈이 됩니다.

사람을 잡아먹는 새

주둥이닷발꽁지닷발

주둥이닷발꽁지닷발은 부리와 꼬리가 아주 긴, 사람을 잡아먹는 새예요. 멀리 도망가는 사람도 긴 부리로 쉽게 잡아채 먹을 수 있어요. 이 새는 어떻게 물리칠 수 있을까요? 지금부터 주둥이닷발꽁지닷발을 알아보도록 해요.

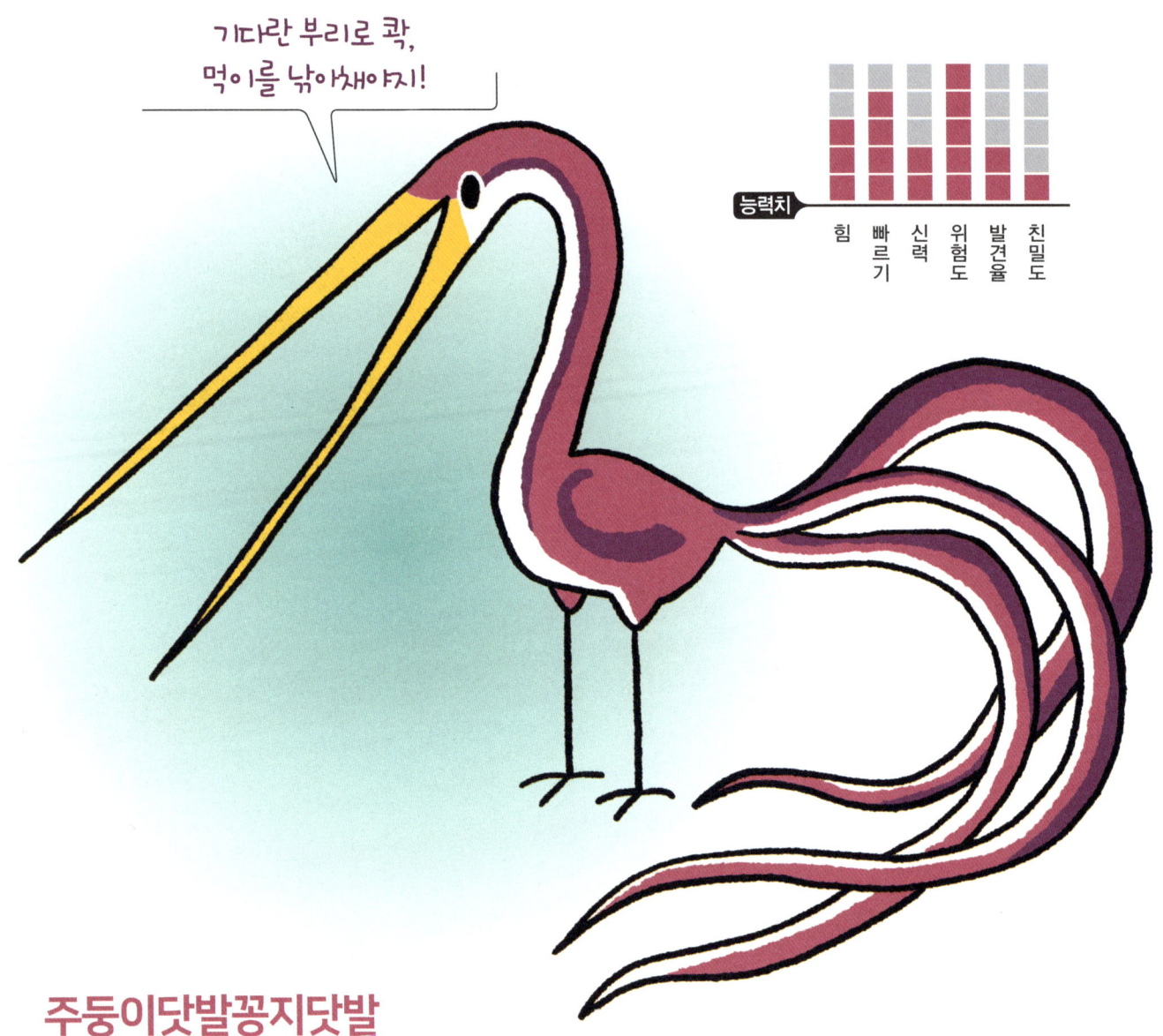

주둥이닷발꽁지닷발

주둥이닷발꽁지닷발은 부리와 꼬리가 아주 길어서 이런 이름이 붙었어요. '꼬리닷발주둥이닷발·꼬랭이닷발주딩이닷발·주둥이닷발꽁이닷발'이라고도 해요. 모두 부리와 꼬리의 특징을 나타낸 이름이지요. 주둥이닷발꽁지닷발의 '닷발'은 '다섯 발'이라는 뜻으로 길이를 나타내요. 두 팔을 벌린 길이 '발'은 약 150cm예요. 다섯 발은 약 750cm에 다다르니 어마어마한 길이죠. 부리와 꼬리 길이만 합쳐도 15m이니 전체 크기는 어마어마하게 큽니다. 이 새는 사람과 이야기할 만큼 지능이 높아요. 집을 짓고 부엌에서 요리도 합니다.

밥을 훔치면 퇴치 가능 주둥이닷발꽁지닷발이 사는 집에 숨어 들어간 뒤 이 괴물 새가 지어 놓은 밥을 계속 훔쳐 먹어요. 밥을 먹지 못한 괴물 새가 힘없이 누워 있을 때를 노려 바늘을 뿌려 보세요. 벼룩에 물린 줄 알고 깜짝 놀라 솥 안으로 들어갈 거예요. 그때 재빨리 솥뚜껑을 닫고 불을 피우면 잡을 수 있습니다.

괴물 새를 물리친 오누이 먼 옛날, 집에 돌아온 오누이는 죽은 어머니를 발견하고 슬퍼했어요. 어머니를 죽인 범인은 주둥이닷발꽁지닷발이었지요. 복수하러 길을 떠난 오누이는 논일도 돕고 까마귀의 먹이 줍는 일도 도우며 사람들에게서 괴물 새가 사는 곳을 알아냈어요. 마침내 도착한 오누이는 괴물 새가 지은 밥을 모두 훔쳐 먹어 버렸습니다. 힘이 빠진 괴물 새는 오누이가 쏜 총을 맞고 벼룩이 물었다고 생각했어요. 그러고는 성가신 벼룩을 피해 가마솥 안으로 들어갔지요. 오누이는 기회를 놓치지 않고 괴물 새를 가마솥 안에 가둔 채 불을 지폈습니다.

수숫대 밑의 수상한 동굴 수수밭 한가운데에 있는 수숫대를 뽑으면 땅 밑으로 들어가는 굴이 나와요. 이 굴 속의 지하 세계에 있는 집에서 괴물 새가 살고 있어요.

환상 동물 더하기 조마구

조마구는 주둥이닷발꽁지닷발처럼 사람을 잡아먹는 동물이에요. 또 부엌에서 음식을 훔쳐 먹어 골치 아프게 하기도 해요. 조마구의 정확한 모습은 밝혀지지 않았지만 처음에는 달걀의 모습으로 나타나요. 달걀을 톡 치면 아주 작은 조마구가 나옵니다. 조마구는 때릴수록 크기가 커져요. 쫓아낼 때 절대로 때리지 말고 주둥이닷발꽁지닷발처럼 솥 안으로 유인하여 불로 지펴 물리쳐야 해요. 조마구가 죽은 뒤 남은 재를 공중에 뿌리지 마세요. 그 재는 모기가 되어서 사람의 피를 빨아먹으며 복수하거든요.

호랑이만큼 무서운 호문조

호랑이처럼 검은 줄무늬가 있는 큰 새를 발견했다면 고개를 숙이고 가만히 있어야 해요. 이 새는 줄무늬뿐만 아니라 사나움까지 호랑이를 닮은 '호문조'라는 무서운 새거든요. 자칫하면 잡아먹힐 수도 있으니 정말 조심해야 해요.

호문조

호랑이의 무늬를 가진 새 호문조虎紋鳥는 겉모습뿐만 아니라 사냥 방법과 사나운 성질까지 호랑이를 닮았어요. 사람을 잡아먹는 무시무시한 괴물 새입니다. 호문조가 사는 곳을 지나갈 때는 몸을 숨기고 절대 말하지 않아야 해요. 호문조는 큰 장독 같은 머리와 호랑이의 무늬가 있는 날개, 사람을 삼킬 만큼 커다란 몸집에 날개와 털, 다리가 붉은색이라는 특징이 있어요. 이 새는 오늘날의 전라남도 홍도인 홍의도紅衣島와 일본에서 발견된 기록이 있다고 해요.

수리부엉이와 비슷한 괴물 새 호문조는 수리부엉이와 비슷한 종류로 보여요. 고양이와 호랑이가 같은 고양잇과로 분류되듯 수리부엉이와 호문조가 이와 비슷한 관계이지요. 먹이를 먹고 난 부엉이는 소화하지 못한 뼈와 깃털을 토해 내요. 이를 '펠릿'이라고 합니다. 펠릿을 보면 새가 무엇을 먹었는지 알 수 있어요. 수리부엉이를 닮은 호문조도 펠릿을 뱉어 낼 거예요. 호문조가 뱉어 낸 펠릿에는 어쩌면 뼈와 머리카락, 옷 같은 것들이 있을지도 몰라요.

숨어 있다 덮치는 사냥법 호문조는 숲속에 엎드려 숨어 있다가 사람이 나타나면 매섭게 덮쳐요. 새들이 조용히 날다가 낚아채 사냥하는 방법과 확실히 다르지요? 숲속에 엎드려 먹잇감을 노리는 모습이 호랑이의 사냥 모습과 닮았어요. 하지만 몸집이 커서 느리게 솟구쳐 날아오릅니다.

나와 사냥법이 비슷하군!

환상 동물 더하기 이조

신라 시대, 청주에서 이상한 새, 이조異鳥가 나타났어요. 청주는 오늘날의 진주 지역이에요. 이조는 빛깔이 검고 몸길이는 다섯 자151cm에 주둥이는 다섯 치15cm에 이르는 새였어요. 머리 크기는 다섯 살 아이의 머리만 하고 눈은 사람의 눈을 닮았으며 먹통이 다섯 되9L들이 그릇 크기였어요. 이조가 나타나면 곧 안 좋은 일이 생긴다고 하여 특별히 조심했습니다.

해로운 동물

탐정 B의 환상 동물 메모

호랑이에 붙은 귀신 — 창귀

- 호랑이에게 잡아먹힌 사람의 혼이 창귀가 된다.
- 창귀는 가까운 사람을 찾아가 그 이름을 세 번 부른다.
- 먹힌 순서에 따라 '굴각·이올·육혼'이라는 창귀로 나뉜다.

꼬리 아홉 달린 여우 — 구미호

- 꼬리가 아홉 달린 천년 묵은 여우이다.
- 여성의 모습으로 사람과 어울리며 홀린 이에게서 정기를 빨아먹는다.
- 신통한 능력이 있는 여우 구슬은 사람에게도 특별한 힘을 준다.

사람으로 변하는 둔갑쥐

- 버려진 손발톱을 먹고 손발톱의 주인과 똑같은 모습으로 둔갑한다.
- 고양이는 둔갑쥐가 변한 사람과 진짜 사람을 구별해 낸다.

사람을 잡아먹는 새 주둥이닷발꽁지닷발

- 부리와 꼬리가 아주 긴, 사람을 잡아먹는 새이다.
- 사람과 말하거나 집을 짓고 요리할 만큼 지능이 높다.
- 굶어서 힘이 빠진 새에게 바늘을 뿌려 솥에 가두고 불을 지피면 없앨 수 있다.

호랑이만큼 무서운 호문조

- 호랑이처럼 검은 줄무늬가 있는 커다란 새이다.
- 사나운 성질이나 먹이 사냥 방법이 호랑이를 닮았다.
- 우리나라의 전라남도 홍도와 일본에서 산다.

불가사리

달토끼

특이한 동물

6장에서 소개할 환상 동물들은 독특한 특징이 있어요.

쇠를 먹는 특이한 식성이 있는 동물, 서로 다른 동물이 합쳐져 살아가는 동물, 지구 밖 달에서 살아가는 동물 등 다양한 환상 동물을 이번 장에서 소개합니다.

쇠를 먹는 괴물 불가사리

불가사리라고 하면 별을 닮은 바다 생물이 먼저 떠오를 거예요. 여기에서 이야기하는 불가사리는 아주 신기한 환상 동물이에요. 쇠를 먹고 자라며 그 어떤 공격에도 죽지 않아요. 그렇다고 겁낼 필요는 없어요. 불가사리는 위험한 동물이긴 하지만 악귀를 쫓아내는 좋은 일도 하니까요.

불가사리

죽일 수 없는, 죽지 않는 동물 불가사리는 곰의 몸에 코끼리의 코, 호랑이의 꼬리를 지녔어요. 사자 같은 갈기가 있거나 큰 어금니가 돋아나 있는 불가사리도 있습니다. 사람들이 여러 방법을 써도 죽지 않아서 이런 이름이 붙었어요. 여러 무기의 어떤 공격도 버티며 심지어 불에 태워도 죽지 않아요. 이렇게 죽지 않는 불가사리 그림을 붙이면 악귀를 막을 수 있어요.

불은 절대 금지 불가사리는 덩치가 크고 무겁지만 재빨리 움직여서 쉽게 잡을 수 없어요. 불로 태우면 몸에 불이 붙은 채로 다니며 주변을 모두 불살라 버려서 더욱 위험해요. 불가사리를 만나면 절대 불을 붙이면 안 됩니다. 이와 다르게 불가사리를 불로 물리쳤다는 이야기도 있어요. "불로 죽이는 것이 가능하다."라는 뜻에서 '불가살이火可殺伊'라고도 하지요. 쇠로 유인하여 꼬리에 불을 붙이면 크게 소리를 내며 죽는다고 전해져요. 불을 붙여 보기 전까지 이 불가사리가 죽을지, 안 죽을지 누구도 모릅니다. 불가사리를 만나면 불을 붙여야 할까요, 말아야 할까요?

딱딱한 쇠가 주식 불가사리는 쇠를 즐겨 먹어요. 어릴 때는 바늘처럼 가늘고 작은 쇠붙이를 먹지만 자라면서 숟가락·호미·솥처럼 굵고 큰 쇠는 모두 먹어요. 도시에 불가사리가 나타난다면 자동차부터 건물의 철근까지 모두 삼켜 버릴지도 몰라요.

환상 동물 더하기 맥

불가사리와 비슷한 동물로 '맥貘'이 있어요. 일본과 중국의 맥, 동남아시아에 있는 맥은 한국의 불가사리와 비슷하면서도 다릅니다. 어떤 특징이 있는지 하나씩 살펴볼까요?

일본의 환상 동물 맥

코끼리의 코에 멧돼지의 어금니, 곰과 같은 몸을 가진 일본의 맥은 악몽을 먹어요. 맥의 그림을 베개 속에 넣고 자면 악몽을 꾸지 않고 편안히 잠잘 수 있대요.

중국의 환상 동물 맥

코끼리의 코에 사자의 머리, 곰과 같은 몸을 가진 맥은 쇠를 먹어요. 중국의 맥은 돌도 자를 만큼 똥이 매우 단단하여 무기로 만들어 써요. 이 맥의 가죽을 깔고 자면 병을 피할 수 있어요.

실제 동물 말레이맥

맥은 영어로 '테이퍼Tapir'라고 해요. 동남아시아에 사는 말레이맥은 주둥이가 길고 풀과 나뭇잎을 먹어요. 머리와 다리는 검고 나머지는 희어서 흑백 대비가 뚜렷해요. 긴 주둥이가 환상 동물 맥과 비슷하지만 그 외에 닮은 점은 없어 보이네요.

관련 동물 바다의 불가사리

바다에 사는 불가사리Starfish의 이름은 환상 동물 불가사리에서 유래했어요. 바다의 불가사리도 환상 동물 불가사리처럼 쉽게 죽지 않아서 이런 이름이 붙었습니다. 재생력이 뛰어난 바다의 불가사리는 몸이 잘려도 죽지 않아요. 잘린 부분은 다시 자라고 떨어진 부분은 또 하나의 불가사리가 됩니다. 한 마리를 베면 두 마리가 되는 셈이니, 불에 태워도 죽지 않는 불가사리의 이름을 이어받을 만하네요.

특이한 동물 155

불로불사약을 만드는 달토끼

달에 사는 토끼의 이야기는 많이 들어보았죠? 둥근 보름달을 가만히 보면 절구를 찧고 있는 토끼를 볼 수 있어요. 토끼는 달에서 떡을 만든다고 알려져 있지만 사실은 떡보다 훨씬 중요한 것을 만들고 있습니다. 먹으면 늙지도, 죽지도 않고 영원히 살 수 있다는 '불로불사약'이에요.

방아 찧는 토끼

달토끼

달에 사는 달토끼를 '옥토끼玉兔'라고도 해요. 달을 달리 부르는 '토월兔月'이라는 말에서 달과 토끼가 관련 있다는 점을 알 수 있어요. 달토끼는 달에서 약초를 빻아 귀한 선단仙丹을 만들어요. 신선들이 먹는 선단은 죽지 않고 영원히 삶을 이어 갈 수 있는 약이에요. 그래서 달토끼는 무병장수를 상징하기도 합니다. 달토끼는 일반 토끼와 달리 두 발로 서서 손을 사용할 줄 알아요. 절굿공이 같은 도구로 약을 만들기도 해서 보통 토끼보다 지능이 훨씬 높을지도 몰라요.

죽지 않는 계수나무 불로불사약을 만드는 달토끼 옆에는 계수나무가 있어요. 계수나무는 죽지 않는 생명력을 상징해요. 이 나무는 도끼로 찍어도 상처에서 순식간에 새살이 돋아나고 톱으로 베어도 넘어지지 않고 꿋꿋이 서 있습니다.

사이좋은 부부 달토끼는 암수가 사이좋게 약을 만들어요. 토끼는 새끼를 많이, 자주 낳아서 화목한 가정을 상징하기도 해요. 사랑스러운 자녀를 이야기할 때 '토끼 같은 자식'이라고 비유하는 말도 비슷한 의미입니다.

만병통치약 토끼의 간 《토끼전》에서 토끼는 장수를 상징하는 동물로 나와요. 병든 용왕은 자라에게 만병통치약인 토끼의 간을 구해 오라고 명했어요. 그 명에 따라 자라는 토끼를 속여 용궁에 데려갔어요. 용왕 앞으로 끌려온 토끼는 간을 내어 줄 위기에 처했어요. 하지만 침착하게 "내 간은 따로 빼서 육지에 두고 다니니 간을 가져올 수 있게 육지로

계수나무 →

보내 주십시오."라고 꾀를 부려 무사히 탈출합니다. 《토끼전》 이야기도 그렇지만 옛사람들은 왜 토끼에게 병을 치료하는 비결이 있다고 생각했을까요? 바로 달토끼가 불사약을 만든다는 믿음 때문이에요.

환상 동물 더하기 달두꺼비

달에는 토끼와 두꺼비가 함께 살고 있어요. 옛날, '항아嫦娥'라는 선녀가 잠시 땅에 내려왔을 때예요. 순간의 욕심에 죄를 지은 항아는 하늘로 돌아가지 못하고 달에 머무르기로 했어요. 오랜 시간이 흐르자 항아는 몸이 점점 작아지더니 두꺼비가 되고 말았어요. 그 이후로 달에는 토끼와 두꺼비가 함께 살고 있습니다.

특이한 동물 159

2018년에 열린 평창 동계 올림픽 개막식을 본 사람들은 모두 깜짝 놀랐어요. 아주 이상하게 생긴 동물이 등장했거든요. 얼굴은 사람에, 몸은 새인 '인면조'는 큰 화제가 되었어요. 처음에는 낯설게 여기는 사람이 많았지만 점점 인기가 높아져 유명한 환상 동물이 되었습니다. 무섭게 느껴지는 생김새와 달리 평화를 사랑하는 인면조를 만나 보세요.

하늘과 땅을 이어 주는

인면조

인면조

사람의 얼굴을 한 새 인면조人面鳥는 신선이 즐겨 쓰는 긴 모자를 쓰고 있어요. 날개를 활짝 편 모습으로 나타나며 꼬리는 길고 화려합니다. 인면조는 죽은 사람이 극락정토極樂淨土에서 다시 태어나도록 도와줘요. 극락정토는 불심을 쌓은 사람이 죽은 뒤에 가는 걱정 없고 편안한 곳이에요. 기독교에서 말하는 천국과 비슷한 곳이지요. 죽은 사람이 극락정토에서 다시 태어나는 것을 '극락왕생極樂往生'이라고 해요. 옛사람들은 무덤의 벽에 인면조를 그리며 무덤 주인이 극락왕생하기 바랐어요.

《산해경》 속 다양한 인면조 중국의 《산해경山海經》에는 다양한 인면조가 나와요. 우리나라의 인면조처럼 좋은 일을 하는 인면조도 있고 나쁜 일을 하는 인면조도 있어요. 《산해경》에는 어떤 인면조들이 있는지 한번 만나 볼까요?

- **부혜** 수탉을 닮은 인면조예요. 나타나면 전쟁이 일어난다고 하여 불길하게 여깁니다.
- **반모** 까마귀를 닮은 이 인면조는 주로 밤에 날아다녀요. 반모를 먹으면 더위 먹은 것이 낫습니다.
- **탁비** 올빼미를 닮은 이 인면조는 다리가 하나예요. 탁비의 날갯깃을 가지고 다니면 벼락을 피할 수 있어요.

고분 벽화 속 인면조 덕흥리 고분 벽화에 그려진 인면조의 이름은 '천추千秋'와 '만세萬歲'예요. '천 번의 가을'을 보냈다 하여 천추, '만년의 세월'을 살았다고 하여 만세입니다. 이로 보아 인면조는 천년만년을 살며 장수했다는 사실을 알 수 있어요.

환상 동물 더하기 세이렌

그리스 신화에는 환상 동물 세이렌Seiren이 나와요. 사람의 얼굴과 새의 몸이 합쳐진 세이렌은 아름다운 노랫소리로 사람을 홀립니다. 이들은 지중해에 있는 섬에서 무리 지어 살아요. 세이렌의 노래에 홀린 선원들은 꼼짝하지 못해요. 간신히 정신을 차려 빠져나가려 해도 이미 늦었어요. 배가 암초를 만나서 난파하고 말거든요. 헤엄쳐서 도망가려는 사람은 물에 빠져 죽기도 해요. 세이렌에게 홀리지 않고 무사히 지나가려면 노래를 들을 수 없도록 귀를 밀랍으로 막거나 몸을 돛대에 꽁꽁 묶어 두어야 합니다.

눈도 하나, 날개도 하나인 새가 있어요. 이 새는 사랑하는 상대와 짝지어 몸을 붙이고 함께 날아다녀요. 둘이 합쳐져 눈도 두 개, 날개도 두 개가 되어 더 힘차게, 더 높이, 더 멀리 날아갈 수 있어요. 힘든 일이 있을 때는 두 머리를 맞대어 같이 고민하고 서로를 응원해 주니 다른 새들이 조금도 부럽지 않습니다.

둘이서 하나

비익조

비익조

　날개를 나란히 댄 비익조比翼鳥는 날개가 하나인 새 두 마리가 날개를 양옆으로 나란히 대고 날아가는 모습에서 그 이름이 지어졌어요. 비익조 혼자서는 특별한 능력이 없어요. 눈과 날개가 하나이지만 두 마리가 몸을 맞대면 양 눈, 양 날개를 가진 것과 다름없이 잘 날아갑니다. 서로를 믿고 의지할 때 완전해지는 비익조는 사랑과 우정을 상징해요. 이들은 먹이를 먹을 때도 서로 떨어지지 않아요.

혼자 날고 싶은 비익조라면? 비익조는 둘이 하나가 되어야만 날 수 있어요. 비익조 중에는 혼자 지내고 싶은 비익조도 있을지 몰라요. 그런 비익조를 만난다면 혼자서도 날 수 있도록 보조 날개를 만들어서 달아 주면 어떨까요? 혼자 날고 싶은 비익조를 위한 '날개 맞춤 서비스'를 운영해 봐도 괜찮겠죠?

두 나무가 하나인 연리지 현상 연리지連理枝는 뿌리가 다른 두 나무가 나뭇가지로 이어진 신기한 현상이에요. 비익조와 연리지를 합쳐 '비익연리'라고 불러요. 연리지를 보면 두 나무가 서로 팔을 뻗어 어깨동무하거나 몸을 기대고 있는 듯 보여요. 비바람과 태풍 앞에서도 서로가 함께라면 버틸 수 있는 든든한 사랑이 느껴집니다. 연리지도 비익조처럼 사랑하는 사이에 비유되고 있어요.

관련 동물 비목어

하늘에 비익조가, 땅에 연리지가 있다면 물속에는 비목어比目魚가 있습니다. 비목어는 '눈이 나란히 난 물고기'라는 뜻이에요. 한쪽에 눈이 몰린 광어나 가자미 같은 물고기를 말해요. 눈이 몰려서 몸을 맞대고 헤엄쳐야만 양옆을 다 볼 수 있다고 여겨 비익조, 연리지와 함께 사랑의 상징으로 보기도 해요.

남아메리카의 아마존강에 사는 물고기 피라냐는 날카로운 이빨로 동물들을 남김없이 먹어치워요. 피라냐가 지나간 곳에는 깨끗한 뼈만 남아요. 이 피라냐 못지않게 포악한 물고기가 조선 시대 기록에 남아 있습니다. 《청성잡기靑城雜記》에 나오는 '금혈어'라는 물고기인데요. 칼날 같은 지느러미로 고래를 공격하여 잡아먹습니다. 거대한 고래는 세상 무서울 것이 없지만 금혈어만큼은 피해 다녀야 합니다.

칼날 같은 지느러미를 지닌

금혈어

금혈어

　　금혈어金血魚의 금은 '쇠', 혈은 '피', 어는 '물고기'를 뜻해요. 이름만 들어도 얼마나 사나운 물고기인지 짐작할 수 있지요? 칼날 같은 금혈어의 지느러미는 먹이를 매섭게 공격해 바다를 핏빛으로 물들입니다. 금혈어는 길이가 약 6~9cm 정도로 작지만 결코 무시해서는 안 돼요. 이들은 수천, 수백 마리가 빠르게 헤엄치며 전략을 짜서 고래를 잡아먹어요.

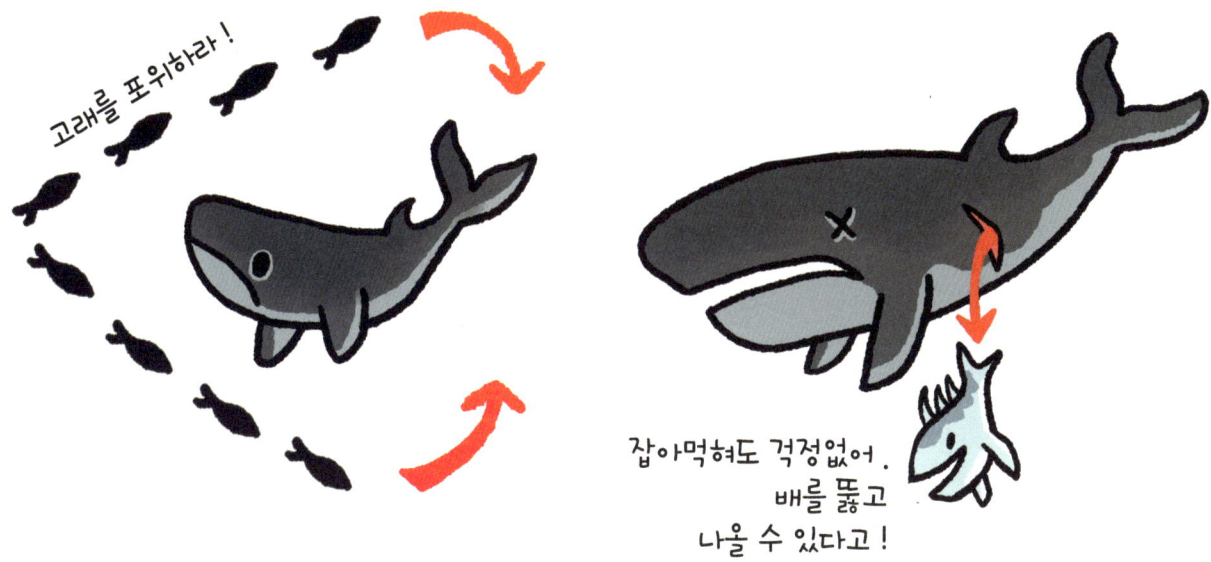

고래 사냥 금혈어는 가장 좋아하는 먹이인 고래를 사냥할 때 떼로 모여 여덟 팔八 모양의 대형을 만들어요. 그다음 대형의 양쪽 끝을 구부려 고래를 빙 둘러쌉니다. 대형에 갇힌 고래는 펄쩍펄쩍 뛰어 도망치려 하지만 끝내 힘이 떨어져 금혈어 떼에게 사정없이 살을 뜯어 먹혀요. 덩치 큰 고래에게 먹힌다 하더라도 금혈어는 조금도 걱정하지 않아요. 날카로운 지느러미로 고래의 배를 뚫고 나올 수 있거든요. 이렇게 무시무시한 금혈어를 마주친다면 고래는 조용히 도망쳐야만 살아남을 수 있습니다.

환상 동물 더하기 크라켄

바다에 사는 무서운 환상 동물로는 '크라켄Kraken'이 있어요. 북극 바다에 사는 커다란 괴물 크라켄은 오징어나 문어처럼 생겼습니다. 그 크기도 너무 커서 한눈에 다 볼 수 없어요. 크라켄을 섬이라고 착각한 사람이 그 위에 올라가기도 했을 정도예요. 크라켄은 강한 냄새를 풍겨 물고기를 끌어들여요. 어마어마한 힘으로 휘어잡은 배를 물속에 가라앉히지만 온순해서 이유 없이 공격하지는 않아요. 크라켄이 한번 먹물을 내뿜으면 주변 바다가 온통 검게 변해 버립니다.

아픈 이를 고쳐 주는 묘두사

귀여운 고양이 머리가 보여서 다가갔는데 몸이 뱀이라면? 깜짝 놀라서 뒤로 넘어질지도 몰라요! 먼 옛날, 이런 동물이 발견되었는데 다행히 사람을 해치지는 않고 오히려 아픈 사람을 낫게 해 주었다고 해요. 사람을 해치지 않는다니 다가가서 머리를 쓰다듬어 보고 싶지 않나요? 고양이 머리는 무척 귀여울 테니까요.

묘두사

고양이 머리를 한 뱀 묘두사猫頭蛇는 정확한 이름이 알려지지 않았어요. 많은 사람이 그저 '묘두사'라고 부르고 있을 뿐이에요. 고양이 머리에, 혀는 뱀처럼 날름거려요. 기다란 뱀의 몸에는 비늘이 나 있어요. 묘두사는 길을 가던 '박만호朴萬戶'라는 사람이 쏜 화살에 머리를 맞아 죽었어요. 몇몇 사람들은 영물을 죽인 박만호가 저주에 걸릴 거라고 생각했지만, 그런 일은 일어나지 않았습니다. 이처럼 화살로 쏘아서 죽일 수 있다니 평범한 뱀과 크게 다르지 않아 보이네요. 묘두사는 아픈 사람들을 낫게 해 줘요. 또 날씨를 미리 알아서 비가 오려고 하면 푸른 연기를 뿜어냅니다.

몸이 아프면 바위에 앉을 것 '화장사花藏寺'라는 절 뒤에서 처음 발견된 묘두사는 바위 구멍에서 살아요. 묘두사가 사는 바위에 아픈 사람이 앉아 있으면 병이 깨끗이 나아요. 절에 사는 스님들과 인근 마을 사람들은 아플 때 묘두사가 사는 바위에 앉아 병을 치료했습니다.

음식을 주는 방법 바위 구멍 앞에 향과 음식을 가져다 놓고 북을 치면 묘두사가 나와요. 묘두사는 준비한 음식만 먹을 뿐 사람을 위협하거나 잡아먹지 않습니다.

묘두사의 수명은? 묘두사는 얼마만큼 사는지 정확히 알려지지 않았어요. 사람들과 함께 50년을 지냈다는 기록으로 보아 최소 50년 이상 살 것으로 보여요.

아픈 곳이 다 나았어!

환상 동물 더하기 바실리스크

묘두사처럼 뱀과 다른 동물이 합쳐진 바실리스크Basilisk는 서양의 무시무시한 환상 동물이에요. 수탉의 머리를 하고 뱀의 몸에는 네 개의 다리와 한 쌍의 날개가 달렸어요. 묘두사는 병을 낫게 하는 힘이 있지만, 바실리스크는 치명적인 독이 담긴 숨결만으로도 사람을 죽일 수 있어요. 뱀이 노른자가 없는 알을 품으면 그 알에서 바실리스크가 태어납니다. 무서운 동물이지만 천적인 족제비에게 이길 수 없어요.

탐정 B의 환상 동물 메모

쇠를 먹는 괴물 **불가사리**

- 죽일 수도 없고 죽지도 않는 환상 동물이다.
- 쇠를 먹이로 하며 덩치가 크고 무겁지만 재빠르게 움직여 쉽게 잡을 수 없다.
- 불에 태우면 불붙은 몸으로 주변을 모두 불살라 버린다.

불로불사약을 만드는 **달토끼**

- '옥토끼'라고도 하며 달에 사는 토끼이다.
- 불로불사약을 만들어서 무병장수를 상징한다.
- 암컷과 수컷이 사이좋게 약을 만들어 화목한 가정을 상징하기도 한다.

하늘과 땅을 이어 주는 — 인면조

- 사람의 얼굴을 하고 신선의 모자를 쓴 새이다.
- 2018년 평창 동계 올림픽에서 등장해 널리 알려졌다.
- 극락왕생을 돕는 좋은 새이다.

둘이서 하나 — 비익조

- 눈과 날개가 하나뿐이지만 서로 몸을 맞대면 날아갈 수 있다.
- 서로를 믿고 의지하는 특징 덕분에 사랑과 우정을 상징한다.

칼날 같은 지느러미를 지닌 — 금혈어

- 칼날처럼 날카로운 지느러미로 고래를 사냥한다.
- 수천, 수백 마리가 무리 지어 빠르게 헤엄쳐 다닌다.
- 고래를 사냥할 만큼 무시무시하지만 크기는 6~9cm 정도로 작다.

아픈 이를 고쳐 주는 — 묘두사

- 고양이 머리를 한 커다란 뱀이다.
- 무서운 생김새와 달리 아픈 사람을 깨끗이 낫게 해 준다.
- 화살을 쏘아 죽일 수 있다.

환상의 모험에 초대합니다

《한국 환상 동물 도감》 완성!

환상 동물 탐정 일을 하면서 모은 정보로 전보다
더 멋진 책을 완성했어요!

저는 더 많은 환상 동물,
더 많은 이야기를 찾아 계속 모험을 떠날 거예요.

혹시 저와 함께 환상 동물 기록을
이어 나갈 분이 있다면 다음 페이지를 봐 주세요!

환상 동물을 찾습니다!

더 많은 환상 동물과 정확한 정보를 기록하기 위해 여러분에게 도움을 요청합니다.
이 책을 참고하여 환상 동물처럼 보이는 생물을 발견했다면
여러분의 관찰 노트에 기록해 주세요.

환상 동물 발견 시 주의 사항

❶

포획이 아니라 '관찰'과 '기록'이 목적!

환상 동물은 함부로 잡거나 만지지 마세요.

❷

안전한 옷을 입고 다닐 것

환상 동물은 언제 어디서 나타날지 몰라요.
언제든 뛰어다닐 수 있는 튼튼한 신발과 바지는 필수예요.

❸

첫째도 안전, 둘째도 안전!

환상 동물 기록보다 여러분의 '안전'이 더 중요합니다.
동물을 발견했는데 위험한 장소로 도망갔다면 관찰을 멈추세요.
동물의 모습과 발견 장소, 도망간 방향을 기록하는 것으로 충분합니다.

❹

새로운 환상 동물의 기록은 언제나 환영!

환상 동물은 지금껏 알려진 동물보다 알려지지 않은 동물이 더 많을지도 몰라요.
여러분이 찾은 환상 동물을 마음껏 이야기해 주세요.

환상 동물을 발견했다면 노트에 꼭 기록해 주세요.
신비로운 이야기와 환상적인 모험이 펼쳐질
여러분만의 《한국 환상 동물 도감》을 기대합니다!

ㄱ
구미호 ·132
금계 ·100
금혈어 ·168
기린 ·32

ㄷ
달토끼 ·156
둔갑쥐 ·136

ㅁ
묘두사 ·172

ㅂ
백록 ·108
백택 ·36
백호 ·28
봉황 ·16
불가사리 ·152
비익조 ·164

ㅅ
산군 ·48
삼두일족응 ·52
삼목구 ·56
삼족오 ·96
삽살개 ·60
신구 ·120

ㅇ
어변성룡 ·84
업신 ·64
영노 ·80
용 ·72
용마 ·88
이무기 ·76
인면조 ·160

ㅈ
저승견 · 116
주둥이닷발꽁지닷발 ·140
주작 ·20
진묘수 ·112

ㅊ
창귀 ·128
천마 ·104

ㅎ
해태 ·44
현무 ·24
호문조 ·144

■ 책

제목	작가	출판사	발행 연도
신화 속 상상동물 열전	윤열수	한국문화재보호재단	2010
한국동물민속론	천진기	민속원	2003
유물 속에 살아있는 동물 이야기 1,2,3	박영수	영교출판	2005
조선동물기	김흥식(엮음), 정종우(해설)	서해문집	2014
신화상상동물 백과사전 1,2	이인식	생각의나무	2002
판타지의 주인공들	다케루베 노부아키	도서출판 들녘	2000
환상동물사전	구사노 다쿠미	도서출판 들녘	2001
중국환상세계	시노다 고이치	도서출판 들녘	2000
한국전통연희사전	전경욱	민속원	2014
종교학대사전	한국사전연구사 편집부	한국사전연구사	1998
미술대사전	한국사전연구사 편집부	한국사전연구사	1998
한국의 섬 : 제주도	이재언	지리와역사	2017
민화	심규섭	역사인	2015
국어국문학자료사전	한국사전연구사 편집부	한국사전연구사	1994

■ 인터넷

웹 페이지	저자/제공처	주소
한국민족문화대백과	한국중앙연구원	http://encykorea.aks.ac.kr
문화콘텐츠닷컴	한국콘텐츠진흥원	http://www.culturecontent.com
e뮤지엄	국립중앙박물관	http://www.emuseum.go.kr
두산백과		http://www.doopedia.co.kr
한국고전용어사전	세종대왕기념사업회	http://www.sejongkorea.org
한국민속대백과사전	국립민속박물관	http://folkency.nfm.go.kr
한국향토문화전자대전	한국학중앙연구원	http://www.grandculture.net
시사상식사전	pmg 지식엔진연구소 / 박문각	http://www.pmg.co.kr

■ 논문

제목	저자	발행처	발행 연도
龍馬 硏究	안병국	온지학회	2012
天馬 설화 연구	안병국	동양고전학회	2011
虎叱 서두의 창귀의 등급과 기능	박재익	동아대학교 석당학술원	2015
한중일 여우 이미지의 유사성과 차이	김홍겸	단국대학교 동양학연구원	2011
〈조마구 설화〉 연구	오정아	경기대학교 교육대학원	2008
〈꽁지닷발주둥이닷발〉 설화에나타난 탐색과문답의서사원리연구	김정은	한국고전연구학회	2017

우리 신화 속 신비한 전설의 동물을 찾아서

한국 환상 동물 도감

2019년 12월 16일 초판 발행 l 2025년 10월 20일 8쇄 발행

지은이 이곤
펴낸이 김기옥 l **펴낸곳** 봄나무 l **아동 본부장** 박재성
편집 한수정 l **편집 디자인** 블루
영업 김선주 서지운 l **제작** 김형식 l **지원** 고광현 임민진
등록 제313-2004-50호(2004년 2월 25일)
주소 121-839 서울시 마포구 양화로11길13(서교동, 강원빌딩 5층)
전화 (02)325-6694 l **팩스** (02)707-0198
이메일 info@hansmedia.com

도서주문 한즈미디어(주)
주소 121-839 서울시 마포구 양화로11길13(서교동, 강원빌딩 5층)
전화 (02)707-0337 l **팩스** (02)707-0198

© 이곤, 2019

ISBN 979-11-5613-135-9 73910

- 이 책 내용의 일부 또는 전부를 사용하려면 반드시 저작권자와 봄나무 양측의 동의를 얻어야 합니다.
- 책값은 뒤표지에 나와 있습니다.
- 이 도서의 국립중앙도서관 출판예정도서목록(CIP)은 서지정보유통지원시스템 홈페이지(http://seoji.nl.go.kr)와 국가자료종합목록 구축시스템(http://kolis-net.nl.go.kr)에서 이용하실 수 있습니다.(CIP제어번호 : CIP2019047960)